はじめに

■日本の会計にＩＦＲＳの波が押し寄せる

「ＩＦＲＳ」という言葉は、どのように呼ぶのが正しいと思われますか？

一般に「**アイ・エフ・アール・エス**」「**イファース**」「**アイファース**」などと呼ばれますが、今のところ呼び方は人それぞれで、必ずしも「こう呼ばなければならない」と決まっているわけではありません。実は、会計士など専門家の間でも統一されていないのです。それほどにＩＦＲＳは今、変化の渦中にあるホットな話題だといえます。

実際に、新聞やビジネス誌を手にとれば、必ずと言っていいほどＩＦＲＳに関する記事が掲載されており、書店に足を運べば、ＩＦＲＳをテーマとした書籍がところ狭しと並んでいます。

ＩＦＲＳは２０００年以降、急速に世界中に広がっている国際会計基準のことで、今では**１００カ国以上の国々がＩＦＲＳを全面適用、またはＩＦＲＳに準じた会計基準を適用している**といわれています。会計基準の世界においては、事実上の「グローバル・スタンダード」の地位を確立したと言ってもいいかもしれません。

日本でも２００９年６月に、ＩＦＲＳ導入に向けたスケジュールが示されており、これによれば、「**ＩＦＲＳ導入の可否を２０１２年頃に決定する**」としています。仮に２０１２年にＩＦＲＳ導入を決定したとすれば、導入の時期は２０１５年、または２０１６年からになります。

このように、日本でもＩＦＲＳの導入が現実的な問題となっています。ＩＦＲＳが導入されれば、財務諸表が変わるだけでなく、売上計上のタイミングや研究開発費の計上方法などが変更になる可能性があり、業務上の影響も少なくありません。

ですから、「ＩＦＲＳとはどのようなものか？」「ＩＦＲＳは企業経営にどのような影響を与える可能性があるのか？」などを今のうちに知っておくことは、企業経営者はもちろん、一般のビジネスマンや学生にとっても重要といえるでしょう。

■最低限知っておきたいポイントをチェック

本書では、ＩＦＲＳ（国際会計基準）についての最低限知っておきたい内容をポイントごとにわかりやすく解説しました。

第１章では、ＩＦＲＳの成り立ちから現在までの歴史的な経緯、近年の世界的なＩＦＲＳ導入の状況を解説したうえで、**日本におけるＩＦＲＳの導入の方向性**について

はじめに

説明していきます。
第２章では、「**ＩＦＲＳによって財務諸表はどのように変わるか？**」といった初歩的な内容から、「**ＩＦＲＳが企業経営に対して与えるインパクト**」までＩＦＲＳの基本ポイントを説明していきます。また、「原則主義」「資産・負債アプローチ」といったＩＦＲＳのおもな特徴についてもあわせて解説していきます。

第３章では、**ＩＦＲＳにおける会計処理**について、代表的と思われるポイントに絞って解説しています。具体的には、売上の計上基準、有形固定資産、リース、研究開発費、引当金、有価証券、連結財務諸表、いわゆる「のれん」などです。現行の日本基準と対比させながら、ＩＦＲＳと日本基準の違いに着目して説明していきます。

第４章では、**実際にＩＦＲＳを導入する際のポイント**について説明していきます。とくに、ＩＦＲＳの適用初年度に向けてのポイントが中心的な話題になります。

このように、初めてＩＦＲＳに接する読者のみなさまに最低限押さえてほしいポイントは網羅されていると自負しています。本書がＩＦＲＳに対する理解の一助となることを願ってやみません。

２０１０年３月

新日本有限責任監査法人
クライアントサービス本部　アドバイザリーサービス部

※本書の内容は、２０１０年2月末現在のものです。また、本書の情報はあくまでも一般的なものであり、特定の個人や組織が置かれている状況に対応するものではありません。

1時間でわかる
図解　IFRS早わかり

目 次

第1章 ＩＦＲＳで日本の会計が変わる！

Contents

第２章 ＩＦＲＳの基本の基本を押さえよう

Contents

第3章 IFRSで会計実務はこう変わる！

Contents

Contents

Contents

第４章　ＩＦＲＳ導入を成功させよう

Contents

第１章

ＩＦＲＳで日本の会計が変わる！

世界中の企業を測る“共通のモノサシ”となるIFRS（国際会計基準）が、早ければ 2015年から日本で強制適用される可能性がある。まずはIFRS導入をめぐる世界と日本の動きをとらえておこう。

1 IFRSはすでに世界100カ国以上が採用している

■日本の企業経営に与えるインパクトが注目される

最近、新聞や雑誌、書籍などで「**IFRS**」という言葉を目にすることが多くなったと感じる方は少なくないでしょう。

IFRSは「International Financial Reporting Standard」の略で、正確には「国際財務報告基準」と呼ばれますが、「**国際会計基準**」という言葉のほうが一般的かもしれません。IFRSは、**現在すでに100カ国以上の国々で全面適用、もしくはIFRSに準じた会計基準が適用されています。**

日本におけるIFRSをめぐる議論は、2009年6月に金融庁から公表された「我が国における国際会計基準の取扱いに関する意見書（中間報告）」（一般に、「**日本版ロードマップ**」と呼ばれる）を契機として、IFRSが企業の作成する財務《ざいむ》諸表《しょひょう》、ひいては企業経営全般にどのようなインパクトを与えるのかが注目されるようになっ

キーワード：日本版ロードマップ

わが国におけるIFRS導入に向けての今後の方針を示したもので、正式には、「我が国における国際会計基準の取扱いに関する意見書（中間報告）」。IFRSの任意適用および強制適用に向けての考え方が示されている。

■IFRSに関連する組織などの略称

IASB		国際会計基準審議会 International Accounting Standards Board
	IFRS	国際財務報告基準 International Financial Reporting Standards
	IFRIC	国際財務報告解釈指針委員会 International Financial Reporting Interpretations Committee
IASC		国際会計基準委員会 International Accounting Standards Committee
	IAS	国際会計基準 International Accounting Standards
	SIC	基準解釈指針委員会 Standing Interpretations Committee
IOSCO		証券監督者国際機構 International Organization of Securities Commissions
SEC		米国証券取引委員会 Securities and Exchange Commission
FASB		米国財務会計基準審議会 Financial Accounting Standards Board
ASBJ		企業会計基準委員会（日本） Accounting Standards Board of Japan
CESR		欧州証券規制当局委員会 Committee of European Securities Regulators

てきました。

そして、現在では多くの日本企業がＩＦＲＳ導入による自社への影響を検討しはじめています。

■ＩＦＲＳはＩＡＳＢが作成する会計基準の総称

ＩＦＲＳは、**ＩＡＳＢ**（国際会計基準審議会）と呼ばれる国際的な会計基準の設定機関によって作成される会計基準の総称です。

ただ、一般にＩＦＲＳとは、前述の①「**（狭義《きょうぎ》の）ＩＦＲＳ**」、②ＩＡＳＢの前身である**ＩＡＳＣ**（国際会計基準委員会）によって作成された**ＩＡＳ**（国際会計基準）と、③**ＩＦＲＩＣ**（国際財務報告解釈指針委員会）、さらに④その前身である**ＳＩＣ**（基準解釈指針委員会）により作成された解釈指針を含んだ「**広義《こうぎ》のＩＦＲＳ**」を意味することが多いといわれています。

また、ＩＦＲＳは、１９８９年７月にＩＡＳＣが公表し、ＩＡＳＢが２００１年４月に採用した「財務諸表の作成及び表示に関するフレームワーク」（一般的に、「**概念フレームワーク**」と呼ばれる）を基本的な枠組みとしています。

ワンポイント知識

「概念フレームワーク」は“IFRSの憲法”といわれているが、現在、IASBとFASB（米国財務会計基準審議会）とが共同して見直しプロジェクトを進めている。

■「概念フレームワーク」の基本概念

財務報告の目的

意思決定有用性
利用者が、現金等を発生させる企業の能力、発生時期や確実性を評価することを可能にし、経済的意思決定を行うための有用な情報を提供すること

↑ **財務報告の目的を支える**

財務報告の特性

理解可能性	目的適合性	信頼性	比較可能性
情報が利用者にとって理解しやすいこと	情報が利用者の要求に適合するものであること	情報が信頼できるものであること	情報がその企業の各期を通じて、かつ異なる企業間で比較可能であること

2
なぜＩＦＲＳは会計基準のグローバルスタンダードになったのか

各企業を比較するための基準が必要になった

ＩＦＲＳは、どのようにして「会計基準のグローバルスタンダード（世界標準）」への道をたどっていったのでしょうか。

ＩＦＲＳの歴史は、大きく３つの時期に分けることができます。

まずは、**ＩＡＳＢの前身であるＩＡＳＣがＩＡＳを作成・公表していた時期**です。

ＩＡＳＣは、１９７３年に日本を含む９カ国の職業会計士団体によって設立された国際組織で、設立以来、多くのＩＡＳを作成・公表してきました。

しかし、ＩＡＳＣは職業会計士団体の合意により設立された民間団体なので、ＩＡＳを加盟国の企業に適用・遵守《じゅんしゅ》させる強制力に欠けるという限界がありました。そのため、同一または類似の取引に対して複数の会計処理方法を認めざるをえないような状況でした。

本来、財務諸表を異なる国の企業間で比較できるようにするためには、同一または類似の取引について１つの会計処理しか認めないようにしなければなりません。つまり、「比較可能性」という点で大きな課題があったのです。

■ＩＯＳＣＯの支援が国際基準への大きな契機

ＩＦＲＳの歴史の第２の時期は、**ＩＡＳＣが前述のような課題を克服して、ＩＡＳが国際的な共通の会計基準として脱皮を図った時期**です。

その大きな契機となったのは、**ＩＯＳＣＯ**（証券監督者国際機構）によるＩＡＳＣへの支援でした。

ＩＯＳＣＯは、１９８０年代後半からＩＡＳＣへの関わりを深め、ＩＡＳを比較可能で国際的な会計基準にするべく支援をはじめます。

ＩＯＳＣＯも、証券取引のグローバル化の進展のなかで、財務諸表の国際的な比較可能性を確保できる統一的な会計基準の必要性を感じており、ＩＡＳの改訂を通じてその目的を達成しようと考えていたのです。

ＩＡＳＣはＩＯＳＣＯによる支援のもと、①複数の会計処理手法を可能なかぎり１つの会計処理手法に統一し、企業間における財務諸表の比較可能性を高めることを目

キーワード：IOSCO

SEC（Securities and Exchange Commission：米国証券取引委員会）や日本の大蔵省（現在は金融庁）など、各国の証券規制当局などを主たるメンバーとする国際機関で、公正で効率的な証券市場の育成・整備を目的とする。

的とするＩＡＳの改訂作業、ならびに②新たな会計基準の作成によるＩＡＳの充実を図りました。

これを踏まえてＩＯＳＣＯは、２０００年にＩＡＳへの支持を表明し、その構成メンバーである各国の証券規制当局など（日本では金融庁）に対して、「ボーダーレスに資金調達を行う企業がＩＡＳにもとづき作成する財務諸表を認めること」を勧告《かんこく》するに至ったのです。

これにより、ＩＦＲＳは会計基準のグローバルスタンダードとして一気に注目が高まることになりました。

■EUは２００５年に域内の上場企業に義務付けた

ＩＦＲＳの第3の時期は、**ＩＦＲＳが世界各国で導入、または導入の検討が行われるようになった時期**です。

２００１年、ＩＡＳＣはＩＡＳＢへと組織を再編し、急速に進展した国際金融市場のグローバル化に対応した会計基準を提供するための組織改革を行いました。そして、これまでの「ＩＡＳ」から「ＩＦＲＳ」に名称を変えて新たな会計基準を設定していったのです。

ＩＡＳＢは、これまでに31ページのようなさまざまな会計基準を公表してきていま

■IASB設立後の変遷《へんせん》

年　月	出　来　事
2002年10月	「ノーウォーク合意」の公表
2005年1月以降	EUでの連結財務諸表へのIFRS適用義務化
3月	IASB（国際会計基準審査会）とASBJ（企業会計基準委員会：日本）とのコンバージェンス・プロジェクト開始
7月	CESR（欧州証券規制当局委員会）から日本基準の同等性評価に関する「技術的助言」公表
2006年2月	IASBとFASB（米国財務会計基準審議会）による「MOU」公表
2007年8月	IASBとASBJによる「東京合意」の公表
11月	米国におけるSEC登録外国企業へのIFRS適用を容認
2008年9月	IASBとFASBによる「MOU」のアップデート公表
11月	米国の上場企業に対するIFRS適用義務化のロードマップ（案）を公表
12月	日本基準のIFRSとの同等性評価の最終決定公表
2009年6月	「日本版ロードマップ」を公表
2012年	IFRS適用義務化に関する最終決定（予定）
2015年～2016年	日本の上場企業に対して一斉、または段階的にIFRS適用義務化（予定）

す。

そんななか、**ＥＵ（欧州連合）は２００５年１月以降、その域内《いきない》の上場企業に対してＩＦＲＳに準拠《じゅんきょ》した連結財務《れんけつざいむ》諸表《しょひょう》の作成を義務付けました。**

これを契機に、ＩＦＲＳはグローバルスタンダードとして世界各国に急速に広まることになります。

それでは、世界各国のＩＦＲＳの導入状況はどうなっているのでしょうか。次節では、その点についてさらに詳《くわ》しく述べていきましょう。

■現在公表されている主要なIFRSの基準

IFRS1	国際財務報告基準の初度適用	IAS19	従業員給付
IFRS2	株式報酬	IAS20	政府補助金の会計処理および政府援助の開示
IFRS3	企業結合	IAS21	外国為替レート変動の影響
IFRS4	保険契約	IAS23	借入費用
IFRS5	売却目的で保有する非流動資産および非継続事業	IAS24	関連当事者についての開示
IFRS6	鉱物資源の探査および評価	IAS26	退職給付制度の会計および報告
IFRS7	金融商品：開示	IAS27	連結および個別財務諸表
IFRS8	事業セグメント	IAS28	関連会社に対する投資
IFRS9	金融商品	IAS29	超インフレ経済下における財務報告
IAS1	財務諸表の表示	IAS31	ジョイント・ベンチャーに対する持分
IAS2	棚卸資産	IAS32	金融商品：開示
IAS7	キャッシュ・フロー計算書	IAS33	1株当たり利益
IAS8	会計方針、会計上の見積りの変更および誤《ご》謬《びゅう》	IAS34	期中財務報告
IAS10	後発事象	IAS36	資産の減損
IAS11	工事契約	IAS37	引当金、偶発債務および偶発資産
IAS12	法人所得税	IAS38	無形資産
IAS16	有形固定資産	IAS39	金融商品：認識および測定
IAS17	リース	IAS40	投資不動産
IAS18	収益	IAS41	農業

（注）上記一覧は（狭義の）IFRS、IASを記載している　（2009年12月31日現在）

3 ＥＵだけでなく、米国もＩＦＲＳ導入に向けて検討を始めた

■ＩＦＲＳを採用していない主要先進国は米国と日本だけ

各国のＩＦＲＳの導入状況を語る場合、その導入アプローチとしての「**コンバージェンス**（Convergence）」と「**アドプション**（Adoption）」という言葉の理解は欠かせません。

ここでいう「**コンバージェンス**」**とは、** **自国の会計基準とＩＦＲＳの間の主要な差《さ》異《い》を解消することによって両基準を収斂《しゅうれん》するアプローチ**です。

一方、**「アドプション」とは、ＩＦＲＳを自国の会計基準として全面的に受け入れるアプローチ**です。

たとえば、ＥＵやオーストラリアなどでは、「アドプション」によるアプローチを採用しています。

前述のとおり、ＥＵは２００５年１月以降、その域内の上場企業に対してＩＦＲＳ

■コンバージェンスとアドプション

コンバージェンス

自国の会計基準とIFRSの間の主要な差異を解消することによって両基準を収斂するアプローチ

アドプション

IFRSを自国の会計基準として全面的に受け入れるアプローチ

↓

EUや**オーストラリア**などは、
すでにアドプションを採用

韓国、**インド**、**カナダ**も
2011年から採用すると表明

↓

IFRSの採用を表明していない
主要先進国は
米国と**日本**の２カ国だけ

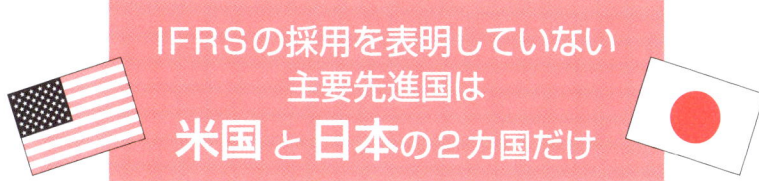

に準拠した連結財務諸表の作成を義務付けています。

オーストラリアも２００５年１月からＩＦＲＳを採用しています。さらに、２０１１年からは韓国やインド、カナダもＩＦＲＳを採用すると表明しています。

こうして世界の主要先進国のほとんどはＩＦＲＳの導入に踏み切り、**ＩＦＲＳを採用していない主要先進国は米国と日本の２カ国だけになってしまいました。**

■米国もＩＦＲＳ採用に舵を切り始めた

しかし、ＩＦＲＳを採用していない主要先進国のひとつである米国も、ＩＦＲＳ導入に関して必ずしも消極的だったというわけではありません。

もともと米国は、２００２年に米国会計基準の設定機関である**ＦＡＳＢ**（米国財務会計基準審議会）とＩＡＳＢとの合意、いわゆる「**ノーウォーク合意**」を契機にコンバージェンスに向けた取り組みを進めてきました。

この取り組みは２００５年からさらに活発化し、２００６年にＩＡＳＢとＦＡＳＢによるコンバージェンスに向けたロードマップに関する**ＭＯＵ**（覚書）が公表されました。

このように、米国はＩＡＳＢが設立されて間もない時期から「コンバージェンス」のアプローチを採用していました。

ワンポイント知識

米国のIFRS導入においては「ノーウォーク合意」という言葉がよく出てくる。「ノーウォーク合意」とは、2002年10月にIASBとFASBとの間で交わされた、米国におけるコンバージェンスに関する合意のことをいう。

そして、２００８年になると、米国はＩＦＲＳ導入に向けてさらに積極的に動きます。**ＳＥＣ**（米国証券取引委員会）は、２００８年11月にアドプションに向けた**ロードマップ**を公表し、アドプションの方向に舵を切ることになったのです。

■米国は２０１１年に最終決定

このロードマップによれば、２００９年から特定の企業に対してＩＦＲＳの任意《にんい》適用を認めるとともに、上場企業の規模に応じてそれぞれ２０１４年12月15日以後終了する事業年度から３段階でＩＦＲＳの適用を義務化することとしています。

そして、**実際にＩＦＲＳ適用を義務化するか否かを２０１１年にＳＥＣが最終的に決定する**としています。

ただし、現時点では米国がＩＦＲＳ適用を義務化することは決まっていません。

しかし、米国もアドプションの検討を表明したのは、ＩＦＲＳがグローバルスタンダードの地位をさらに確固たるものにしたことを示す、きわめて象徴的な出来事であったといえるでしょう。

ワンポイント知識

米国のIFRS導入に関しては、「MOU（Memorandum of Understanding）」という言葉もよく出てくる。「MOU」は、IASBとFASBとの間で交わされた、米国におけるコンバージェンスに関する覚書のことをいう。

４ 日本でもＩＦＲＳ採用に向けた動きが活発化してきた

日本でもコンバージェンスの作業がスタート

日本における会計基準の国際化は、２０００年からはじまった、いわゆる「会計ビッグバン」がそもそもの契機でした。

このときは会計基準を改正し、「税効果《ぜいこうか》会計」「退職給付《たいしょくきゅうふ》会計」「金融商品会計」など、これまでになかった会計基準が規定され、日本の財務諸表は従来とは大きく様《さま》変《が》わりしました。

そんななか、ＥＵが２００５年から域内の上場企業に対してＩＦＲＳに準拠した連結財務諸表の作成を義務付けることを決定したのを契機として、日本でもＩＦＲＳ導入の議論が活発化してきました。

なぜなら、このＥＵの決定は、ＥＵ内で資金調達する日本企業もＩＦＲＳに準拠した連結財務諸表を作成しなければならないことを意味するからです。

２００５年のＥＵの決定によれば、ＥＵ域内の上場外国企業に対するＩＦＲＳの適用は２００７年からとされていましたが、日本基準がＩＦＲＳと「実質的に同等である」と認められれば、日本基準に準拠した連結財務諸表の作成も認められることになっていました。

ただし、「実質的に同等」と認められるためには、ＩＦＲＳと日本基準との間の26項目におよぶ重要な差異について、なんらかの補完措置《ほかんそち》が求められていました。

これを受けて、日本の会計基準設定機関である**ＡＳＢＪ**（企業会計基準委員会）も、日本基準のＩＦＲＳへのコンバージェンスに向けて積極的に動きはじめることになりました。

■アドプションに向けた「日本版ロードマップ」を公表

ＡＳＢＪは、２００５年３月よりＩＡＳＢとの間でコンバージェンスに向けての共同プロジェクトを立ち上げて、コンバージェンス作業に着手、２００７年８月には、**２０１１年６月30日までに多くの項目のコンバージェンスを達成することに合意**しました（いわゆる「**東京合意**」）。

「東京合意」によれば、次の２点が求められました。

キーワード：ASBJ

企業会計基準委員会（Accounting Standards Board of Japan）のこと。2001年に設立された、日本における民間の会計基準設定機関である。

①ＩＦＲＳと日本基準との間の重要な差異と認められた26項目については、原則、２００８年までに解消する
②ＡＳＢＪとＩＡＳＢとの間で識別されてきたそれ以外の差異については、２０１１年６月30日までに解消を図る

ＡＳＢＪは、この「東京合意」にもとづき、２００７年12月に「プロジェクト計画表」を公表し、２０１１年までのコンバージェンス達成に至る工程表を示しています。しかし、その翌年、米国はＳＥＣによるロードマップ公表を契機にアドプションへと舵を切りました。この時点で、**ＩＦＲＳのアドプションの検討に踏み切っていない主要先進国は日本だけになってしまいました。**

こうした流れを受けて、日本でもアドプションに向けた動きが活発化しました。その結果、２００９年６月に、日本におけるＩＦＲＳのアドプションに向けた**日本版ロードマップ**である「我が国における国際会計基準の取扱いに関する意見書（中間報告）」が公表されるに至ったのです。

ワンポイント知識

2008年までに解消しなければならないコンバージェンス項目については、「東京合意」に沿って2008年度中にコンバージェンス作業は終了している。なお、ASBJが公表している「プロジェクト計画表」は、ASBJのホームページ（https://www.asb.or.jp/）で参照できる。

■日本のIFRS対応の流れ

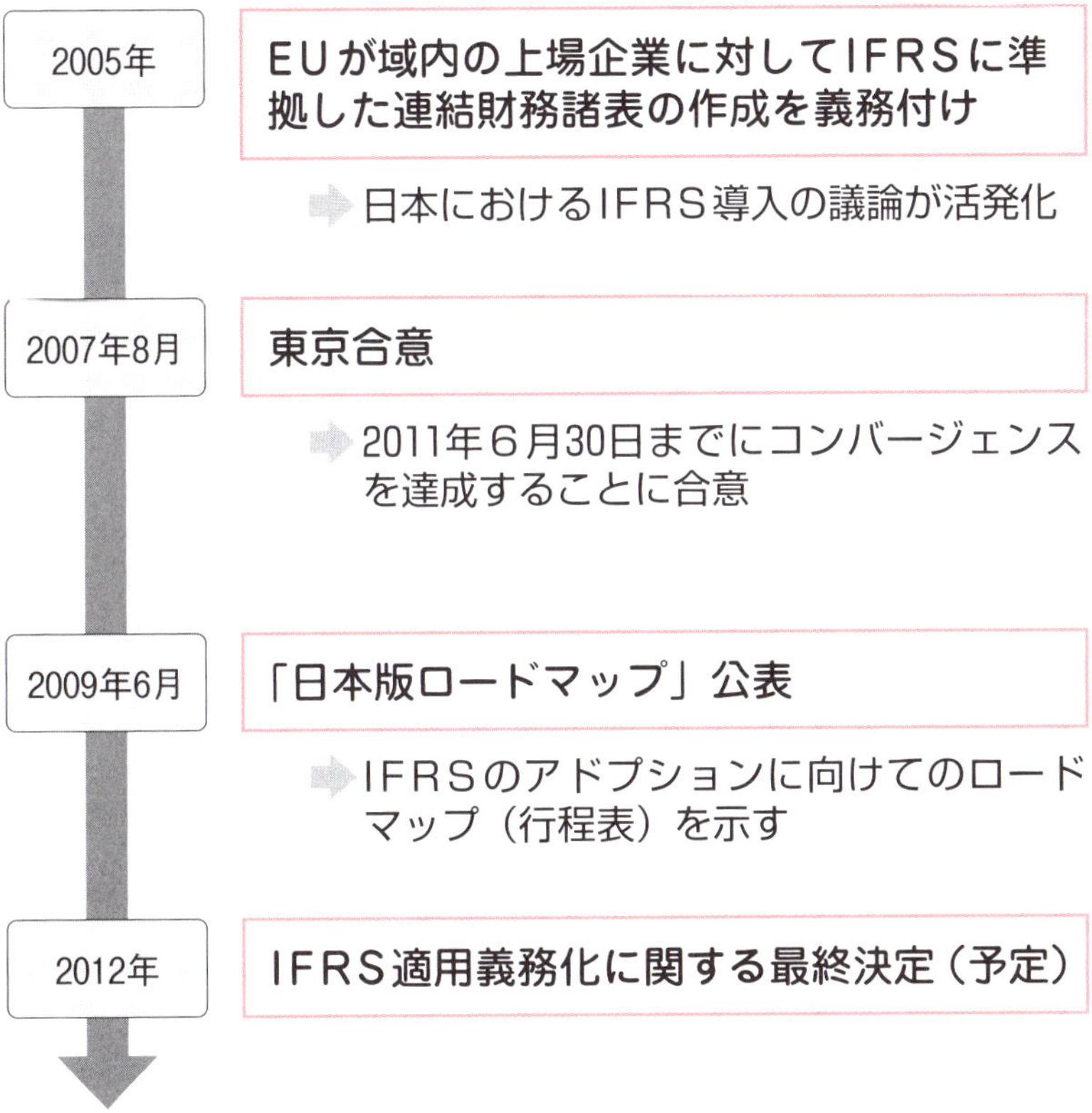
2005年
EUが域内の上場企業に対してIFRSに準拠した連結財務諸表の作成を義務付け
日本におけるIFRS導入の議論が活発化
2007年8月
東京合意
2011年６月30日までにコンバージェンスを達成することに合意
2009年6月
「日本版ロードマップ」公表
IFRSのアドプションに向けてのロードマップ（行程表）を示す
2012年
IFRS適用義務化に関する最終決定（予定）

5

２０１５年からの強制適用に日本企業は備える必要がある!?

■２０１２年頃に強制適用が最終決定される

今後、日本の会計基準はどうなっていくのでしょうか。

先述した「日本版ロードマップ」によれば、**２０１２年頃にＩＦＲＳを強制適用（つまりアドプション）するか否かを最終決定する**こととしています。

さらに、強制適用を決定した場合には「少なくとも３年間の準備期間を確保」したうえで段階的に、または一斉に移行するとし、ロードマップどおり２０１２年に強制適用を決定した場合には、「**２０１５年、または２０１６年から強制適用となる**」としています。

ここで問題となるのが、「２０１５年」に強制適用されるとした場合に、「２０１５年３月期」を指すのか、それとも「２０１６年３月期（２０１５年度）」を指すのかということです。

ワンポイント知識

「日本版ロードマップ」によれば、現状、2012年を目途に上場企業の連結財務諸表への強制適用の可否を検討している。

IFRS導入の基本的なイメージ（2015年から適用することを前提）

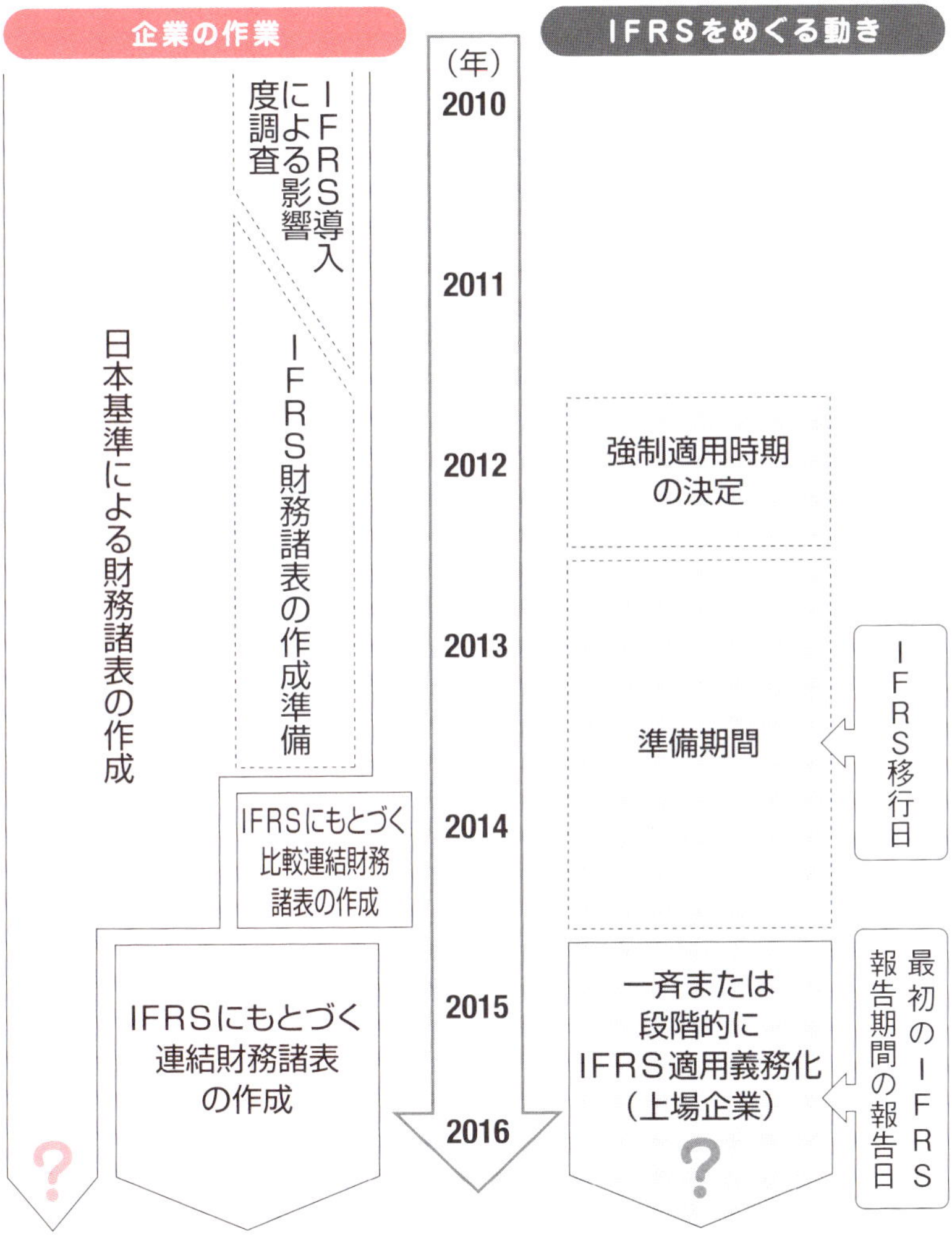

前者であれば、「２０１４年４月１日開始事業年度」となり、後者であれば、「２０１５年４月１日開始事業年度」となるので、強制適用年度が１年も違ってしまいます。日本版ロードマップは、両者のうちのいずれを指すのか明確にしていませんが、日本企業がＩＦＲＳへの準備を進めるにあたっては、３月決算企業であれば最短で**「２０１５年３月期」からの強制適用の可能性を念頭に置くのが望ましい**と思われます。

一方、一定の条件を満たした国際的に活動している企業に対しては、ＩＦＲＳを任意に適用することも認められており、２０１０年３月期からの適用も可能としています。しかし、現在のところＩＦＲＳの任意適用を表明している企業は限られています。

準備のために残された時間は意外に限られている

前述したように、「日本版ロードマップ」によればＩＦＲＳ強制適用を２０１２年頃に決定するとしているので、日本におけるアドプションは現時点で確定しているわけではありません。

しかし、将来的な適用の意思を表明している日本企業も徐々に出てきているのも事実で、今後も多くの日本企業がアドプションの機運に沿ってＩＦＲＳを導入する方向で対応していくと考えられます。

しかし、ＩＦＲＳ導入の準備をするにしても、適用初年度にＩＦＲＳにもとづく連

■ 2010年３月期以降の任意適用が認められる要件《ようけん》

- 上場企業であること
- 有価証券報告書で、連結財務諸表の適正性を確保するための特段の取り組みに関する記載を行っていること
- IFRSに関する十分な知識を有する役員、または使用人を置いており、IFRSにもとづいて連結財務諸表を適正に作成することができる体制を整備していること
- 会社、親会社、その他の関係会社、またはその他の関係会社の親会社が、以下の要件のいずれかを満たすこと
  - 外国の法令にもとづき、法令の定める期間ごとにIFRSに従って作成した企業内容などに関する開示書類を開示していること
  - 外国金融商品市場の規則にもとづき、法令の定める期間ごとにIFRSに従って作成した企業内容などに関する開示書類を開示していること
  - 外国に連結子会社（連結決算日における資本金の額が20億円以上のものに限る）を有していること

出典：金融庁（2009年12月11日「連結財務諸表の用語、様式及び作成方法に関する規則等の一部を改正する内閣府令」）

結財務諸表を作成すれば足りるかといえば、そうともいえません。実際、単に会計基準の変更だけではすまない企業もあります。

さらに、強制適用の初年度においては当年度・前年度の最低2期間分のＩＦＲＳに準拠した財務諸表を作成するとともに、前年度の期首《きしゅ》時点におけるＩＦＲＳに準拠した**開始財政状態計算書**《かいしざいせいじょうたいけいさんしょ》（貸借対照表《たいしゃくたいしょうひょう》に相当）も作成することが求められます。

したがって、ＩＦＲＳ移行日までに、ＩＦＲＳ導入の基本的な準備を終え、ＩＦＲＳ開始財政状態計算書残高をＩＦＲＳ移行日後、比較的短期間のうちに、おおむね確定できる状態になっていることが望ましいと思われます。

つまり、強制適用年度を仮に２０１５年３月期とするならば、**２０１３年４月１日くらいまでには前述のような状態になっているのが望ましい**ことになります。

そうすると、ＩＦＲＳ適用準備のために残された期間は、それほど長くはないといえるでしょう。

ワンポイント知識

「IFRS 移行日」とは、企業が初めて IFRS に準拠した財務諸表において、IFRS にもとづく完全な比較情報を表示する最初の期間の期首のことを指す。IFRS を初めて適用する企業は、IFRS 移行日時点の開始財政状態計算書（貸借対照表に相当）を IFRS に準拠して作成することが求められる。

第２章
ＩＦＲＳの基本の基本を押さえよう

ＩＦＲＳが導入されると、企業の会計だけでなく、経営全般にも影響がおよぶことになる。ＩＦＲＳ導入によって生じる変化を中心に、ＩＦＲＳの基本知識を頭に叩《たた》き込んでおこう。

1

IFRS導入で最低2期間分の財務諸表の作成・開示が必要

■損益《そんえき》計算書《けいさんしょ》は「包括《ほうかつ》利益《りえき》計算書《けいさんしょ》」に

第1章でも説明したとおり、日本が今後、アドプションを最終決定すれば、国内の上場企業もIFRSの適用が求められ、**IFRSに準拠した財務諸表の作成・開示が求められる**ことになります。

では、IFRSが導入されると、国内の上場企業はどのような財務諸表を作成・開示しなければならないのでしょうか。

現在の日本基準で上場企業が作成・開示することが必要なおもな財務諸表は、①貸借対照表（B／S）、②損益計算書（P／L）、③株主《かぶぬし》資本《しほん》等《とう》変動《へんどう》計算書《けいさんしょ》、④キャッシュ・フロー計算書です。

これに対して、IFRSのもとで作成・開示が必要な財務諸表は、おもに次のとお

ワンポイント知識

IFRSでは、「財政状態計算書」「包括利益計算書」の名称が使用されているが、必ずしも強制ではないので、たとえば「貸借対照表」という名称の使用も可能である。

■IFRSと日本基準の財務諸表の構成

IFRS	日本基準
●財政状態計算書	●貸借対照表
●包括利益計算書	●損益計算書
●所有者持分変動計算書	●株主資本等変動計算書
●キャッシュ・フロー計算書	●キャッシュ・フロー計算書
●会計方針および注記	●会計方針および注記
	●附属《ふぞく》明細表（＊1）

（＊1）財務諸表を補足する重要な事項について、その内容、増減状況などを明らかにすることを目的とする各種明細表のこと。

りです。

❶財政状態計算書
❷包括利益計算書
❸所有者持分変動計算書《しょゆうしゃもちぶんへんどうけいさんしょ》
❹キャッシュ・フロー計算書

このうち「**❶財政状態計算書**」は日本基準における「貸借対照表」に相当し、企業の財政状態の表示を目的とする点で両者は同じです。

同様に、「**❸所有者持分変動計算書**」も企業の純資産（株主資本）の変動の表示を目的とする点で「株主資本等変動計算書」と差異はなく、「**❹キャッシュ・フロー計算書**」も企業のキャッシュ・フローの状況の表示を目的とする点で日本基

ワンポイント知識

上記図表の「会計方針」とは、有価証券の評価方法など、財務諸表の作成にあたって採用した会計処理の原則および手続き、ならびに表示の方法。また、「注記」は、各財務諸表に開示されている項目の説明やその内訳など、財務諸表に関する補足的な説明事項を指す。「会計方針」も注記事項の一部を構成する。

準のそれと差異はありません。

「❷**包括利益計算書**」についても、企業の経営成績を表示するという点では日本基準の「損益計算書」との違いはありません。ただし、詳細は53ページで説明しますが、表示される利益の範囲について日本基準と大きな差異があります。

■日本基準のような表示に関する詳細なルールは定められていない

このように、ＩＦＲＳで作成・開示が要求されるこれらの財務諸表は、「表示の目的」という点では、日本基準における各財務諸表と差異はありません。ただし、ＩＦＲＳのもとで財務諸表を作成・開示する際には、以下の点に留意しなければなりません。

まず、日本基準は貸借対照表や損益計算書などの財務諸表を作成・開示するにあたっては、数値基準などの表示に関する詳細なルールを示しています。

これに対してＩＦＲＳでは、日本基準のような詳細なルールは定められておらず、**適正な表示のために何をどのように表示するかは経営者の判断に委《ゆだ》ねられる部分が多い点**に注意が必要です。

また、ＩＦＲＳのもとでは、報告する事業年度分だけでなく、前年度分（比較対象期間）も最低1会計期間分の財務諸表を作成・開示しなければなりません。つまり、

ワンポイント知識

日本基準における（連結）貸借対照表、（連結）損益計算書は、「（連結）財務諸表等規則」（内閣府令）、および「（連結）財務諸表等規則ガイドライン」により、財務諸表項目を計上するための数値基準、計上科目名称などの表示方法について詳細な規定が定められている。

■IFRSのもとで作成・開示が必要になる財務諸表

会計方針の変更などにともなう遡及的修正や、表示の再分類によって、(開示されるもっとも古い) 比較年度の期首の財政状態計算書に変更がある場合、開示が必要になる！

	比較年度の期首	比較年度(最低前期分)	報告年度(当期)
財政状態計算書	○	○	○
包括利益計算書		○	○
所有者持分変動計算書		○	○
キャッシュ・フロー計算書		○	○
注記		○	○

最低2期間分の作成・開示が求められることに留意が必要です。

第1章でも説明しましたが、この点は企業が初めてIFRSを導入する場合でも同様で、導入初年度だけでなく、最低限その前年度についてもIFRSに準拠した財務諸表を作成する必要があります。

次ページ以降では、IFRSで作成・開示される財務諸表のなかでも、とくに財政状態計算書、包括利益計算書に焦《しょう》点《てん》を絞《しぼ》って、その特徴をさらに深く見ていきましょう。

2 財政状態計算書の表示内容はより経営者の判断が必要になる

■貸借対照表は財政状態計算書に

　前項で説明したとおり、ＩＦＲＳの「**財政状態計算書**」は日本基準における「貸借対照表」とその目的は同じですが、日本基準は数値基準や勘定《かんじょう》の名称、配列の順序など、その表示に関する詳細なルールを定めています。

　一方、ＩＦＲＳでは、その表示にあたり最低限表示すべき項目など一定のルールはあるものの、その詳細（何をどのように表示するか）は、**経営者の「判断」に委ねられています。**

■企業の財政状態の「見える化」が進む

　財政状態計算書の開示にあたり、このような経営者の「判断」が求められることは、一見すると面倒に思えるかもしれません。

■ IFRSの財政状態計算書の項目（例）

財政状態計算書			
資産	●有形固定資産 ●投資不動産 ●無形資産 ●金融資産 ●持分法で会計処理される投資 ●棚卸資産 ●営業債権およびその他の債権 ●現金および現金同等物 ⋮	負債	●営業債務およびその他の債務 ●引当金 ●金融負債 ⋮
		資本	●資本の部に表示される非支配持分 ●親会社の持分所有者に帰属する発行済資本金および剰余金

ポイント1

資産および負債は、原則として流動・非流動区分をする必要がある！

ポイント2

流動・非流動の区分が明確であれば、固定性配列によることも妨《さまた》げられない！

しかし、一定のルールさえ守れば何をどのように表示するかは（適正な表示がなされるかぎり）企業の判断に委ねられているので、**ＩＦＲＳの導入は企業の財政状態の「見える化」を図ることで外部の投資家などにアピールできる機会**ともいえます。

そのためには、ＩＦＲＳの導入にあたって企業の「財政状態」をどのように見せたいのか、どのように見せればもっとも忠実に自社の「財政状態」を知らせることができるのか、という検討も必要になるでしょう。

前ページの図表は、ＩＦＲＳの財政状態計算書への表示項目の例と、適用上の簡単なポイントをまとめたものです。

3　包括利益計算書によって利益の範囲が変わる

■「包《ほう》括《かつ》利《り》益《えき》」は「当《とう》期《き》純《じゅん》利《り》益《えき》」よりも利益の範囲が広い

46ページで説明したとおり、ＩＦＲＳの「**包括利益計算書**」は、日本基準における「損益計算書」に対応するものですが、両者には**表示される「利益」の範囲に関して大きな差異があります。**

それはＩＦＲＳが「**包括利益**」という、これまでの日本基準にはなかった会計上の「利益」に関する考え方を採用していることに起因しています。

会計上の「利益」に関する考え方のなかには、収益から費用を差し引いた「当期純利益」（期間利益）の算出を重視する立場があります。

これに対して「包括利益」では、**資産、負債の差額を「資本」とし、前年度末と当年度末の「資本」の差額を「利益」と考えます。**

「利益」を「資本の差額」としてとらえれば、55ページの図に示すように、「包括利益」

は「当期純利益」よりも利益の範囲が広いことがわかります。

つまり、**ＩＦＲＳにおける「包括利益計算書」は、日本基準の「損益計算書」で表示される「当期純利益」よりも範囲の広い「利益」を表示する**ことになるのです。

しかし、ＩＦＲＳは「包括利益計算書」において、「当期純利益」（期間利益）の表示を排除しているわけではなく、むしろ表示を要求しています。

すなわち、「包括利益」を特定期間の資本の変動としながらも、それは「損益（当期純損益）」と損益以外の「資本」の変動要因である「**その他《た》包括《ほうかつ》利益《りえき》**」を合算《がっさん》したものである、としているのです。

なお、ＩＦＲＳの「包括利益計算書」の表示方法としては、次の２つのうちいずれかを選択できます。

①単独の計算書として表示する方法（**１計算書方式**）

②「当期純利益」までを表示する「損益計算書」と、「当期純損益」から「当期包括利益」までを表示する「包括利益計算書」を別個に表示する方法（**２計算書方式**）

ワンポイント知識

日本のＡＳＢＪは、ＩＦＲＳとのコンバージェンスの一環として、2009年12月に「包括利益の表示に関する会計基準（案）」と呼ばれる公開草案を公表している。公開草案によれば、連結・個別の財務諸表について包括利益の表示を行うことが予定されている（ただし、本書の執筆段階ではあくまで公開草案の段階であることに注意）。

■「包括利益計算書」のイメージ

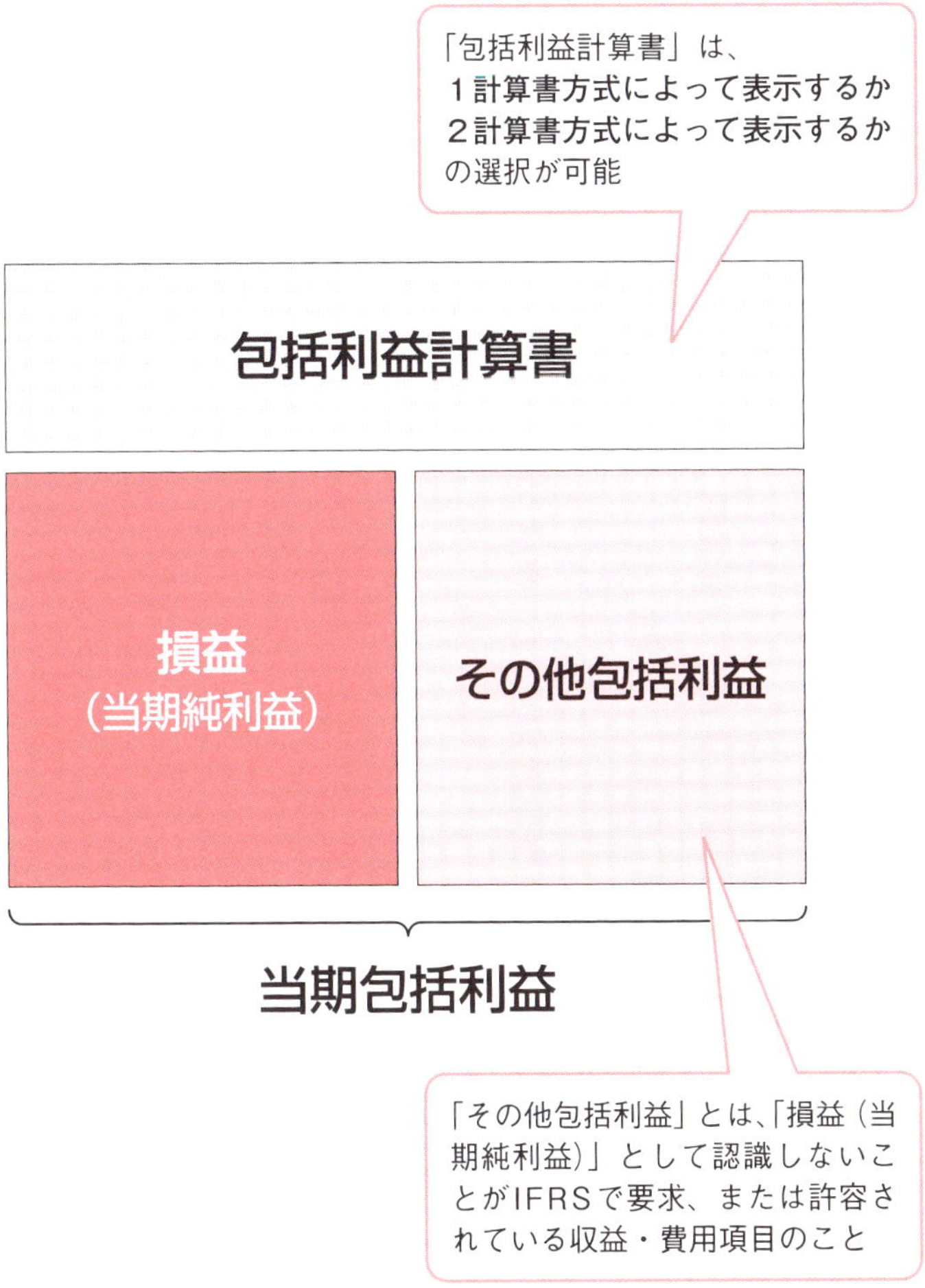
「包括利益計算書」は、
１計算書方式によって表示するか
２計算書方式によって表示するか
の選択が可能
包括利益計算書
損益
（当期純利益）
その他包括利益
当期包括利益
「その他包括利益」とは、「損益（当期純利益）」として認識しないことがIFRSで要求、または許容されている収益・費用項目のこと

■「経常《けいじょう》利益」など段階ごとの利益の開示は行われない

ＩＦＲＳの「包括利益計算書」と日本基準の「損益計算書」との間の2つ目の差異は、最終段階の利益（当期純利益）を算出する過程における各段階ごとの利益の開示の有無《うむ》です。

日本基準の「損益計算書」は、売上総利益《うりあげそうりえき》、営業利益《えいぎょうりえき》、経常利益というように、各段階ごとに損益を計算して「当期純利益」を算出します。

これに対して、ＩＦＲＳの「包括利益計算書」の場合、「営業利益」といった項目の表示は禁止されていませんが、日本基準の「損益計算書」のような細かい段階ごとの利益の開示は要求されていません。

とくに、ＩＦＲＳでは特別損益《とくべつそんえき》（特別利益、特別損失）といった損益項目を表示することはできないので、**「包括利益計算書」では日本基準の「損益計算書」上の「経常利益」は表示されない**ことになります。

そのため、これまで業績指標《ぎょうせきしひょう》として、とくに「経常利益」を重視していた場合、ＩＦＲＳ導入の際にはなんらかの業績管理上の変革《へんかく》が必要になるかもしれません（64ページで詳述）。

なお繰り返しになりますが、「包括利益計算書」の表示に関して経営者の判断が求められる点については、「財政状態計算書」と同様なので留意が必要です。

ワンポイント知識

「特別損益」とは、企業の通常の事業活動（本業など）以外で非経常的・臨時的に生じた利益（特別利益）、または損失（特別損失）のことをいう。

■ 包括利益計算書（１計算書方式）の項目例

包括利益計算書（１計算書方式）

- 収益
- 分類した費用項目
- 金融費用

（税引前当期損益）

- 税金費用

（継続事業からの損益）

- 廃止事業の税引後損益など

- 当期損益
- その他包括利益項目（費目別）

- 当期包括利益

ポイント

費用の分類は、
①減価償却費、広告宣伝費、人件費などの費目（性質）別分類によるか、
②売上原価、販売費などの機能別分類によるか（この場合は費目別の開示も追加的に必要）、
を選択することが可能！

ポイント

１計算書方式
２計算書方式
から選択が可能であり、２計算書方式の場合は、「当期損益」までの項目は切り離され、この部分が「包括利益計算書」として開示される！

4

「売上」「研究開発費」「有価証券」など財務諸表の数値に影響がある!?

■戦略や管理など経営全般に影響がおよぶ可能性も

読者のみなさんのなかには、「ＩＦＲＳの導入は、単に会計処理の問題であって、日本基準とＩＦＲＳの間の会計上の差異を決算時にまとめて調整すれば十分ではないか」と考える方もいるかもしれません。

しかし、**ＩＦＲＳ導入の影響は会計的な側面だけでなく、経営全般にもおよぶ**と考えたほうがいいかもしれません。

なぜなら、ＩＦＲＳの導入により、財務諸表の数値が日本基準に比べて変動すれば、それにともない企業の業績評価指標や経営戦略の視点も影響を受ける可能性があるからです。同時に、販売や購買《こうばい》などの各種業務プロセスやシステムの改善が必要なだけでなく、グループ経営管理のあり方も見直しを求められる可能性もあります。

したがって、ＩＦＲＳ導入が企業の財務諸表にどのような影響を与えるのかをあら

■ IFRS導入が財務諸表の数値に与える影響（例）

1	売　上	物品販売にかかる売上計上が、先方への着荷や検収時点になる!?
2	有形固定資産	減価償却費の計上に大きな影響がおよぶ!?
3	リース	リース契約は「費用」ではなく、「資産」として計上される!?
4	研究開発費	研究開発費のうち一定の要件を満たすものは、「資産」として計上される
5	有価証券	企業が保有する有価証券は、公正価値（時価）で評価される
6	連結財務諸表	連結財務諸表の対象に含まれる子会社の範囲が広がる

かじめ把握しておくことは、財務数値以外の経営に与える影響を把握するうえでもとても重要です。

■ 財務諸表の数値への影響は？

それでは、IFRSが導入されると、財務諸表の各項目の数値はどのような影響を受けるのでしょうか。

実際、日本基準とIFRSとの間にはさまざまな会計上の差異があり、これらが財務諸表の数値に影響を与えることになります。

これらの差異の詳細は第3章で説明することとして、ここではIFRS導入が財務諸表の数値に与える影響のうち、とりわけ重要なものを先に概観《がいかん》しておきましょう。

ワンポイント知識

本文でも説明したように、IFRSと日本基準の間にはさまざまな差異があるが、その差異が財務諸表に与える影響は企業によってさまざまであると考えられる。したがって、ここで挙げた財務諸表数値に与える影響も、すべての企業に一様に当てはまるとはかぎらないことに留意が必要である。

①売上

たとえば、物品販売にかかる売上は、日本基準のもとでは多くの日本企業は出荷《しゅっか》時点で売上として計上《けいじょう》していると思われます。

ところが、ＩＦＲＳの導入により、**先方への着荷《ちゃっか》や検収《けんしゅう》時点など、出荷時点よりも収益計上のタイミングが遅くなる**可能性があります。

②有形《ゆうけい》固定《こてい》資産《しさん》

建物や機械設備などの有形固定資産の会計処理、とくに減価償却《げんかしょうきゃく》の会計処理については、これまで多くの日本企業が法人税法の規定に準拠した減価償却計算を行ってきたと思われます。

ＩＦＲＳが導入されると、企業がこれまで採用していた耐用年数《たいようねんすう》や残存価額《ざんそんかがく》、減価償却方法といった各計算要素についての合理的な説明が求められることになり、結論いかんによっては減価償却費の計上に大きな影響をおよぼす可能性があります。

③リース

日本企業の多くがこれまで費用として計上してきたリース契約について、ＩＦＲＳが導入されると**「資産」として計上し、他の有形固定資産と同様に減価償却を行わな**

キーワード：減価償却

減価償却とは、設備などの有形固定資産の取得に要した支出額（取得原価）を、一定の期間（耐用年数）にわたって一定の方法（定額法や定率法など）により費用として配分すること。

ければならないものも出てくる可能性があります。

その場合、財政状態計算書における総資産に影響をおよぼすばかりか、リースにおける毎期の費用の計上額にも影響がおよぶ可能性があります。

④研究開発費

研究開発費については、日本基準ではすべて発生時に「費用」として計上されますが、IFRSでは**研究開発費のうち一定の要件を満たすものは「資産」として計上しなければなりません**。

これらの費用が資産計上されることになれば、企業の総資産もそれだけ増えることになり、そのぶんだけ費用は減少するので利益にも影響をおよぼすことになります。とくに、研究開発費が毎期、多額にのぼる企業にとっては財政状態や損益に大きなインパクトを与える可能性があります。

⑤有価《ゆうか》証券《しょうけん》

IFRSが導入されれば、企業が保有する有価証券、とりわけ株式は、すべて**公正《こうせい》価値《かち》**（時価《じか》）により評価することが求められます（期末に公正価値を信頼性をもって測定できない場合など一部の例外を除く）。

キーワード：公正価値

「取引の知識がある自発的な当事者間で、独立第三者間取引条件により資産が交換され、負債が決済される価額」のことで、具体的には①市場価格、市場価格がない場合には②合理的に評価された価額が公正価値に該当する。

これは非上場株式でも例外ではなく、企業の保有する有価証券の時価変動が企業の総資産や利益におよぼす影響は、日本基準よりも大きくなる可能性があります。

⑥連結財務諸表

ＩＦＲＳがおよぼす影響は、これらの個別的な会計項目だけではありません。数多くの子会社などを有するグループ企業である場合は、連結財務諸表を作成・開示しなければなりません。

その際、連結財務諸表に含めるべき子会社の範囲について、日本基準では一定の要件を満たす子会社は、その範囲から除外することが認められていました。一方、ＩＦＲＳでは、そのような例外は認められていません。

したがって、**ＩＦＲＳに準拠した連結財務諸表を作成・開示する場合には、日本基準のもとで連結の範囲に含めなかった子会社もその範囲に含まれる**可能性があり、その結果、連結ベースでの総資産、総負債、そして利益などに対しても大きな影響がおよぶことも考えられます。

ここで挙げた例は一例にすぎませんが、ＩＦＲＳの導入が企業の財政状態や経営成績に影響をおよぼしかねないことがわかるでしょう。

IFRS導入が財務諸表の数値に与える影響（その他の例）

●サービス提供・工事契約	サービス提供、工事契約に関する売上計上はすべて進行基準になる!?
●有形固定資産	資産の取得に要した借入費用は取得原価に算入される
●引　当　金	設備の修繕に関する引当金は計上できない。 一定要件を満たす有給休暇に関して引当金を計上する必要がある
●連結財務諸表	子会社株式の売却時には売却益を計上できない
●の　れ　ん	企業結合により生じたのれんは償却できない

5 業績を評価する経営指標が変化する可能性も

会計処理と財務数値の変化が経営指標に影響を与える!?

ＩＦＲＳの導入により財務諸表のさまざまな数値が変化する可能性があるのと同時に、企業が作成・公表する財務諸表そのものも大きく変わることになります。

そもそも企業が財務諸表を作成・開示する主要な目的は、投資家の意思決定に役立つ情報を提供することにあります。そのうえで、投資家は企業が開示したこれらの財務諸表をもとに企業の経営指標などを分析し、投資判断をします。

しかし、ＩＦＲＳの導入により財務数値の変化と、財務諸表自体の変化が起こると、従来と同じ経営をしていたとしても、企業の業績を評価する経営指標が大きく変わる可能性があります。

IFRS導入は経営指標にも影響をおよぼす

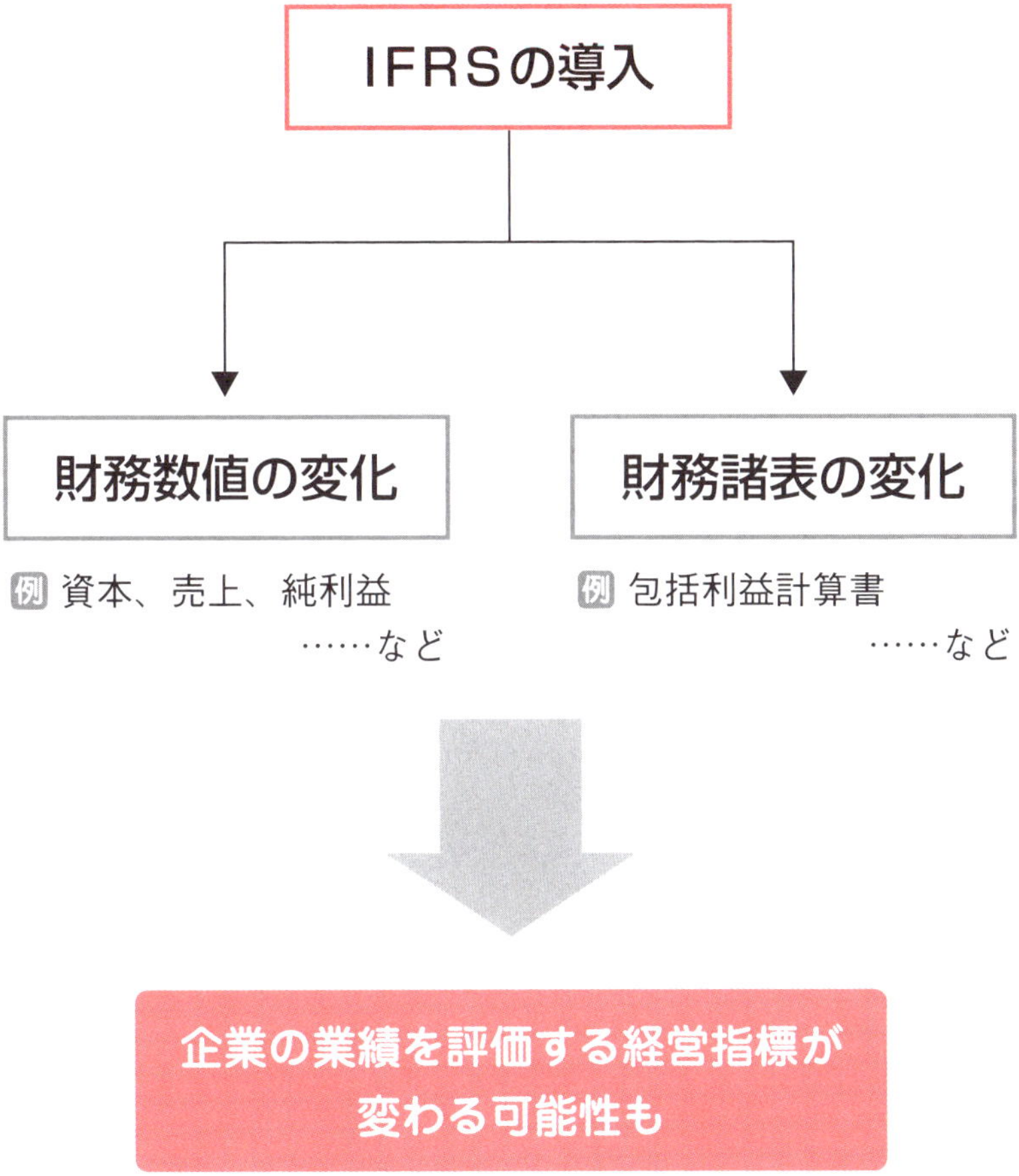

「当期包括利益」が新しい指標となる可能性も

ＩＦＲＳの導入による財務諸表数値の変化が経営指標に与える影響について、例を挙げて説明しましょう。

たとえば、前述したように、ＩＦＲＳの導入によって研究開発費のうち一定要件を満たしたものが資産計上されれば、財政状態計算書の総資産額に大きな影響をおよぼす可能性がありますし、当然、財政状態計算書に固定資産として計上される資産額にも影響を与えます。

さらに、研究開発費が資産計上されれば、それだけ費用の計上額が減少するので、企業が計上する利益もそのぶんだけ大きくなります。

研究開発活動が活発な企業であればあるほど、その影響は大きいかもしれません。

前述したように、ＩＦＲＳの導入によって日本基準の損益計算書は「包括利益計算書」という形式となり、企業が作成・開示する財務諸表そのものが大きく変わります。「包括利益計算書」における最終段階利益は、損益計算書に表示される「当期純利益」ではなく、これに「その他包括利益」と呼ばれるものを加味した「**当期包括利益**」になることは、53ページで説明したとおりです。

「その他包括利益」には、たとえば有価証券の時価と簿価《ぼか》の差額（評価差額）など、損益計算書に計上されないような項目も含まれるので、「当期包括利益」は、企業全体の資産の時価の変動分も反映したものだともいえます。

ＩＦＲＳの導入により、この**「当期包括利益」が企業の損益計算における最終段階の利益になり、企業の主要な業績評価の尺度のひとつになる**可能性も否定できません。

■ＩＦＲＳには「経常利益」の概念《がいねん》がない

56ページでも説明したように、業績評価の指標として重要視されることの多い「経常利益」は、ＩＦＲＳのもとでは、その概念自体がなくなってしまいます。

損益計算書では「経常利益」に特別利益・損失を加減して「（税引前《ぜいびきまえ》）当期純利益」が計算されますが、ＩＦＲＳでは特別利益・損失の区分が禁止されているからです。

一方で、企業の業績評価を行う際には、このような財務諸表の数値をそのまま使用するだけではなく、ＥＢＩＴやＥＢＩＴＤＡといった財務諸表数値にもとづいて算出された経営指標を使用している企業も少なくありません。

そのほか、ＲＯＥ（株主資本利益率）やＲＯＡ（総資産利益率）、資本回転率などのような加工した経営指標にも、ＩＦＲＳ適用による影響がおよぶ可能性があります。

キーワード：EBIT（EBITDA）

EBIT（EBITDA）とは、他人資本を含む資本に対して、どの程度の付加価値（EBITDAの場合はキャッシュ・フロー）を生み出したかを示す利益概念のこと。

EBIT＝税引前当期純利益＋支払利息－受取利息

EBITDA＝税引前当期純利益＋支払利息＋減価償却費

6 業務管理やシステムへの影響も考慮する必要がある

■販売管理に与える影響

ＩＦＲＳの導入は、単に会計処理の問題だけではなく、企業の業務管理や会社のシステムにも多大な影響をおよぼす可能性があります。

ここでは、ＩＦＲＳ導入が業務管理やシステムに与える影響のうち、とりわけ重要な事項について具体的に説明していきましょう。

まず、代表例のひとつとして挙げられるのが、**販売管理**です。

88ページでも後述するように、物品販売の場合、多くの日本企業は出荷時点で収益計上を行っていますが、**ＩＦＲＳの導入により先方への着荷時点、または検収時点で収益を計上するなど「収益計上のタイミング」が変更される**可能性があります。

仮に収益計上のタイミングを着荷時点、または検収時点に変更した場合には、先方

■ IFRSが「販売管理」に与える影響（例）

収益計上のタイミングの変更が行われた場合

例 出荷時点 ➡ 先方への着荷時点 or 先方の検収時点

1 業務管理上の変更の検討

- 着荷や検収データを収集するしくみを構築する必要があるか？
- 取引先との契約内容を改める必要があるか？

2 販売管理システム上の変更

- たとえば、「出荷時点」から「着荷時点、または検収時点」への収益計上のタイミングの変更をシステム上で行う必要があるか？

の着荷や検収データを収集するしくみの構築、場合によっては取引先との間で契約内容を改めるなどの業務管理上の対応が必要になるでしょう。

とくに、この場合には自社の出荷データと、先方の検収（もしくは着荷）データを照合して収益計上できるような販売管理システムの変更が必要となる可能性があり、システム変更の程度によっては、購買システムや在庫管理システムなど企業のシステム全体に対して多大な影響をおよぼすことになります。

■ 固定資産管理に与える影響

IFRSの導入は、**固定資産の管理**やそのシステムに対しても大きな影響をおよぼす可能性があります。

ワンポイント知識

ここで説明している「IFRSが販売管理に与える影響」は、あくまでも一般的な影響であり、実際の影響度は企業によりさまざまであることに留意が必要である。

これも第3章で詳しく説明しますが、ＩＦＲＳの導入は有形固定資産の会計処理に大きな影響を与える可能性があります。減価償却を例にとると、定額法《ていがくほう》などの減価償却方法、耐用年数および残存価額の見直しなど、さまざまな検討が必要となる可能性があります。

このため、資産の取得時の記帳《きちょう》や減価償却などの固定資産の一連の管理、これらの管理を行うためのシステムである固定資産管理システムについても、検討の結果によっては、ＩＦＲＳの導入によって大きな影響を受けると考えられます。

ＩＦＲＳの導入が固定資産管理やシステムに与える影響は、以下のようなものが考えられます。

①減価償却を行うのに必要な要素である耐用年数と残存価額、減価償却方法は、ＩＦＲＳの導入により企業独自の見積《みつも》りと毎期の見直しが必要となる可能性もあるため、これらの項目の見積りと見直しに関する基準や運用ルールを整備する必要があります。

②ＩＦＲＳにおいても、一定の要件を満たすリースは資産として計上する必要がありますが、資産計上の判断については、**ＩＦＲＳには具体的な数値基準がなく、取引**

ワンポイント知識

ここで説明している「IFRSが固定資産管理に与える影響」は、あくまでも一般的な影響であり、実際の影響度は企業によりさまざまであることに留意が必要である。

■ IFRSが「固定資産管理」に与える影響（例）

① 減価償却

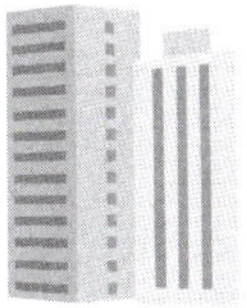

- 耐用年数、残存価額、減価償却方法
  - ➡ 企業独自の見積り、毎期の見直しが必要

見積りおよび見直しに関する基準および運用ルールを整備する必要あり

② リース

- 日本基準に比べて資産計上されるリース物件の範囲が広がる可能性がある

固定資産管理システム上でのリース物件の管理がより重要になる可能性も

の実質により判断されることになります。

　したがって、ＩＦＲＳの導入により固定資産として計上されるリース物件が増加する可能性があるので、その場合には固定資産管理システムによるリース物件の管理も重要になると考えられます。

③固定資産の取得に要した借入費用について、ＩＦＲＳでは一定の要件を満たせば固定資産の取得原価の一部を構成するものとして資産計上が必要になります。したがって、固定資産管理システムでも取得原価の記帳にあたっては、借入費用の資産計上分も考慮に入れる必要があります。

そのためには、支払利息など借入等の情報と関連付ける必要があるため、資金管理システムとの連動の検討も必要になる可能性があります。

■研究開発の管理に与える影響

ＩＦＲＳでは、**研究開発活動への支出（研究開発費）のなかでも、開発活動に関する費用（開発費用）のうち一定要件を満たすものについては資産計上が必要になります**。このため研究開発活動が活発な企業は、これらに関する管理がこれまで以上に重要になります。

たとえば、開発費を資産計上するためには、研究活動と開発活動の定義、開発活動に要した支出が資産計上されるための具体的な要件などを、あらかじめ社内ルールとして整備しておく必要があります。

また、開発費を資産計上するためには、開発プロジェクトごとに原価《げんか》集計するための業務プロセスを構築しておく必要があります。その際に、開発プロジェクトの規模および数によっては新たな管理システムの導入も検討する必要があるかもしれません。

■新たな業務管理のしくみが必要になる可能性も

第3章で詳しく述べますが、ＩＦＲＳと日本基準との間には、さまざまな会計基準

ワンポイント知識

ここで説明している「IFRSが研究開発管理に与える影響」は、あくまでも一般的な影響であり、実際の影響度は企業によりさまざまであることに留意が必要である。

IFRSが「研究開発管理」に与える影響（例）

研究開発費 → 「開発費」のうち一定要件を満たすものを資産計上

- 研究活動と開発活動の定義
- 開発活動に要した支出が資産計上されるための具体的な要件

（上記2点）→ 社内ルールとして整備

- 開発プロジェクトごとにコスト集計するためのプロセスを構築
- 新たな管理システムの導入の必要性も検討

上の差異があります。日本企業がＩＦＲＳを導入する場合、これらの差異についてはＩＦＲＳ上の会計処理に変更する必要があります。

しかし、そのためにはＩＦＲＳにもとづいた会計処理を可能とするために、業務管理上の手続きを変更しなければならないかもしれません。

とくに、従来の日本基準にはなかった新たな会計処理が求められる場合には、会計処理や業務上の新しいルールを設けるなど、業務管理上のしくみを一から構築する必要があるかもしれません。

このように、**ＩＦＲＳの導入は、会計的な側面だけでなく、実際の企業の業務の側面にも影響をおよぼす**可能性があるのです。

7 **連結財務諸表**を作成するプロセスが変わる!?

「グループ会社ごとの個別の決算プロセスのあり方」がポイント

日本にＩＦＲＳを導入する場合、現状としては**連結財務諸表**を対象として適用することが検討されています。

連結財務諸表は、親会社・子会社などからなる企業集団全体の財政状態、経営成績、キャッシュ・フローの状況を報告するものであり、47ページで紹介した4つの財務諸表（**連結財政状態計算書**、**連結包括利益計算書**、**連結所有者持分変動計算書**、**連結キャッシュ・フロー計算書**）がそれにあたります。

一般に、連結財務諸表は親会社、子会社の個別の財務諸表（個別財務諸表）を合算し、売上などのグループ内の取引を相殺《そうさい》消去するなど、連結財務諸表を作成するのに必要な調整を行うことによって作成されます。

それでは、ＩＦＲＳに準拠した連結財務諸表は、具体的にはどのように作成すればいいのでしょうか。次の3つは、IFRSに準拠した連結財務諸表の作成方法の代表例を示しています。

①元帳《もとちょう》を各国基準とIFRS準拠のものとに複数化する方法

②各国基準で財務諸表を作成したうえでIFRSに組替《くみかえ》処理する方法

③連結決算で調整する方法

①～③のいずれの方法も、各グループ会社の個別財務諸表にもとづいて、連結財務諸表を作成するのに必要な調整を行うという点では同じですが、連結財務諸表の基礎となる個別財務諸表をどのように作成するかが異なります。つまり、親会社を含む各グループ会社の個別の決算プロセスのあり方が問題となります。

■連結財務諸表を作成する3つのプロセス

①、②の方法は、いずれも個社ごとにIFRSに準拠した個別財務諸表を作成し、これにもとづき連結財務諸表を作成する方法です。これらの方法によった場合、**親会社を含むグループ会社ごとにIFRSを導入しなければなりません。**

①の方法は、個社それぞれが属する国の会計基準とIFRSにもとづいた2種類の

ワンポイント知識

「各国基準」とは、海外に子会社がある場合にはその国の会計基準、日本国内の場合には日本の会計基準と読み替える。

元帳を作成し、後者の元帳から作成したＩＦＲＳ準拠の財務諸表にもとづき連結財務諸表を作成するものです。この方法を採用する場合、元帳を2種類持つことになるので、これに対応するシステム改修などの検討が必要です。

一方、❷の方法は、元帳をそれぞれの会社が属する国の会計基準にもとづいて作成し、ＩＦＲＳと当該国の会計基準の差異を、決算時にまとめて調整（組替処理）した財務諸表にもとづいて連結財務諸表を作成します。

この方法は、❶とは異なり、複数の元帳を用意する必要はありませんが、会社ごとにＩＦＲＳに準拠した財務諸表を作成する必要があるので、ＩＦＲＳへの組替えに必要な決算データの準備が別途《べっと》必要になります。

最後に❸の方法は、それぞれのグループ会社は、各々が属する国の会計基準にもとづいてつくった個別財務諸表を作成し、ＩＦＲＳへの調整は、親会社でまとめて行う方法です。この方法によれば、各グループ会社は個別財務諸表を作成するにあたってＩＦＲＳへの調整を行う必要はありませんが、❷と同様にＩＦＲＳへの組替えに必要な決算データの準備が別途必要になります。

■子会社売却による利益計上ができなくなる

これらの方法のどれを採用するかは、各社の置かれている状況にもよりますが、会

■ IFRS連結財務諸表の作成方法(例)

方　法	元　帳	個別ベースでの財務諸表	連結処理
❶複数元帳化	各国基準／IFRS	IFRSベースでの財務諸表	各社のIFRSベースの財務諸表をもとに連結
❷組替処理	各国基準	各国基準での元帳をもとにIFRSベースの財務諸表へ組替処理	各社のIFRSベースの財務諸表をもとに連結
❸連結調整	各国基準	各国基準ベースでの財務諸表	各社の各国基準ベースの財務諸表を、親会社が連結時にIFRSベースにまとめて調整

計情報をいかに正確かつ早期に開示するか（**タイムリー・ディスクロージャー**）という視点が今後重要になると考えられます。

日本では２００８年４月から四半期《しはんき》報告書の開示がスタートしました。決算期間の単位はいっそう短くなっており、また決算開示までの期間も早まっています。

これをＩＦＲＳ適用後もスムーズに行うには、①グループ会社全体の会計処理に関するルールを統一して連結決算の体制を確立すること、②ＩＦＲＳへの移行準備期間のなかで決算にかかるプロセスを見直し、ＩＦＲＳによる決算の十分なトレーニングを積むことが必要です。

連結経営の観点からは、子会社上場の見直しが必要になると考えられます。日本企業のなかには、親会社でのキャピタルゲイン獲得や子会社の従業員のモチベーション向上のために、子会社上場を行うところがありました。しかし、**ＩＦＲＳのもとでは子会社売却による利益計上ができなくなります。**

また、**ＩＦＲＳは企業グループ全体で会計方針を統一することを要求しています。**連結財務諸表をＩＦＲＳで作成する以上、グループ内での会計方針が同一なのは当然ですが、これを会計のことだけに限定せず、企業経営に活かすという発想も必要です。

つまり、業務プロセスを標準化したり、勘定《かんじょう》科目《かもく》やシステムを統一していくことも今後より重要になると考えられます。

8 IFRSは「原則主義」、実務上の判断がより求められる

「原則主義《げんそくしゅぎ》」と「規則主義《きそくしゅぎ》」がある

ここまでIFRSの導入が企業経営に与える影響について、さまざまな視点から説明してきましたが、IFRSには一体どのような特徴があるのでしょうか。

IFRSの代表的な特徴のひとつは、「**原則主義**」です。

「原則主義」とは、会計基準の設定にあたり、原理原則を明示することを重視する考え方です。

一方で、「原則主義」に対して「**規則主義**」と呼ばれる考え方があります。

「規則主義」は、実務指針や数値基準のようなガイダンスを規定することで、会計基準を補足する詳細なルールを重視する考え方です。

現在の日本基準も会計基準にあわせて多くの実務指針などが規定されており、どち

らかといえば「規則主義」に近いともいえます。

ルールよりも実態を重視

「規則主義」にもとづく会計基準のもとでは、企業の会計処理上の判断は詳細なルールに準拠して行われます。

しかし、「原則主義」にもとづくＩＦＲＳのもとでは、「規則主義」のように詳細な運用上のルールが網羅《もうら》的に規定されているわけではありません。

したがって、**企業はＩＦＲＳが規定する原理原則を踏まえたうえで、実務上どのように適用するのか、判断を求められる場面が増える**と考えられます。

その際には、法的形式よりも取引の経済的実態を重視したうえで判断することが要求されることに留意が必要です。

■原則主義と規則主義

原則主義 ⇔ **規則主義**

原則主義

- 会計基準の設定にあたり、原理原則を明示することを重視
- 会計基準の概念や原理原則だけを示すことが多く、具体的な数値基準がなく、例外処理や簡便法を認めない

規則主義

- 実務指針や数値基準のようなガイダンスを定めることにより、会計基準を補足する詳細なルールを規定することを重視

▶IFRSは「原則主義」にもとづく会計基準である

▶IFRSの導入により、実務上、会計上の「判断」を要求される場面が増える

▶IFRSの規定を現場実務で運用するための社内ルールを用意する必要がある

9 「収益・費用」重視から「資産・負債」重視へ

ＩＦＲＳは「資産・負債アプローチ」

ＩＦＲＳのもうひとつの大きな特徴は、財務諸表の主要な構成要素（資産・負債・収益・費用）のうち、「資産・負債」を重視している点です。

これまでの日本基準は、どちらかといえば収益から費用を差し引いて当期純利益（期間利益）を算出することを重視していました。別の言い方をすれば、「収益・費用」を重視しており、「フロー」の観点から利益を算出する考え方（**収益・費用アプローチ**）です。

一方、**ＩＦＲＳは収益・費用よりも「資産・負債」を重視した考え方**（**資産・負債アプローチ**）にもとづいており、資産から負債を差し引いた純資産の増加分として「包括利益」が算出されます。いわば、「ストック」の視点から利益を算出する考え方です。

IFRSは「資産・負債アプローチ」（下図はイメージ）

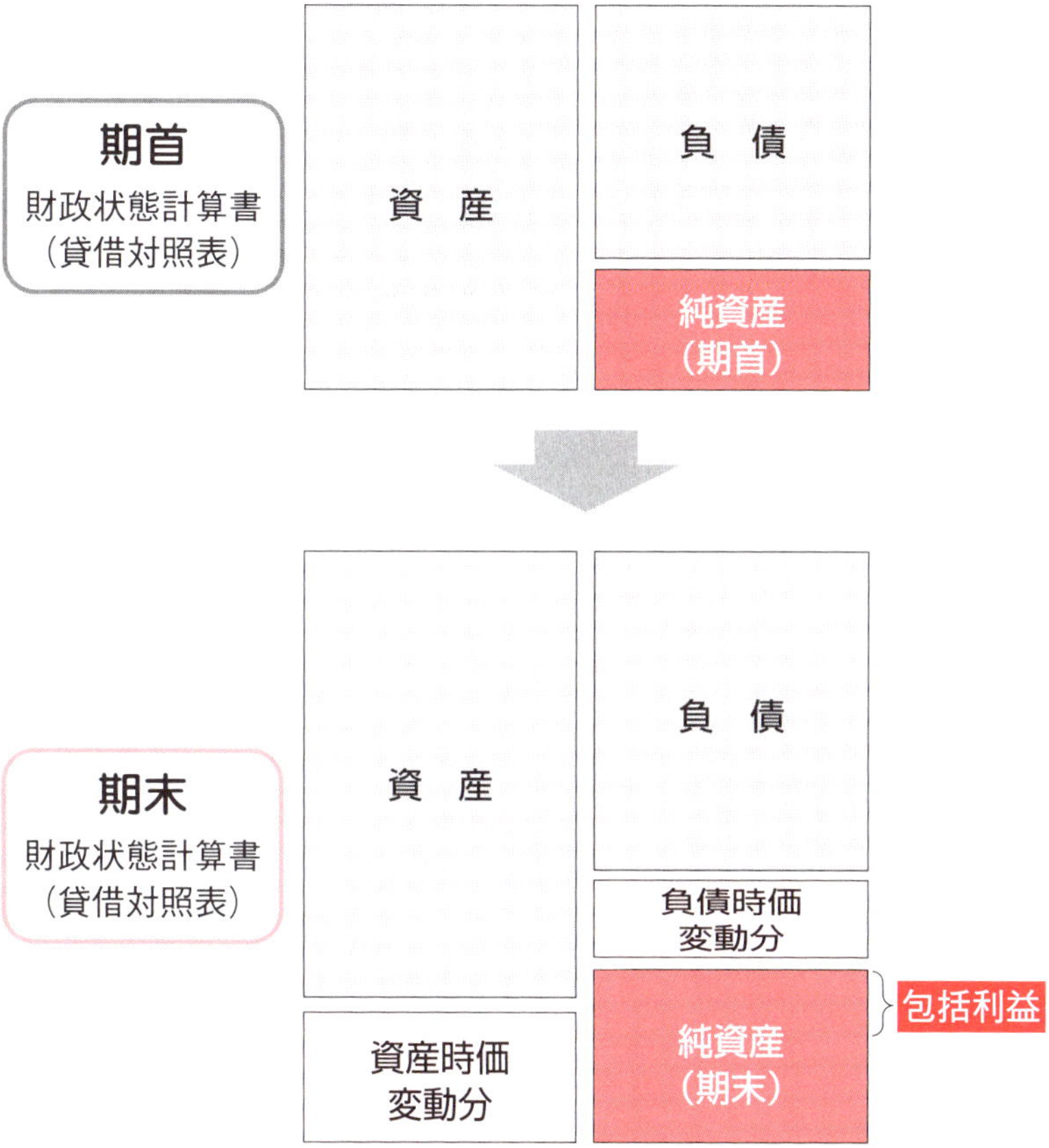

IFRSでは、純資産の増加分が「利益」となる

したがって、この考え方によれば、利益の構成要素である収益・費用も「資産・負債の増減」という視点から間接的に定義されることになります。

公正価値（時価）による評価を重視

ＩＦＲＳでは、**資産・負債を公正価値（時価）によって評価することを重視**しています。

このため、資産・負債アプローチにより算出される利益は、通常の期間損益に加えて、たとえば株式の時価の変動にともなう評価差額のような資産・負債にかかる公正価値（時価）の変動額も含めた「包括利益」が最終段階の利益となるのが特徴です（53ページ参照）。

このように、ＩＦＲＳの特徴のひとつである資産・負債重視の考え方は「包括利益」概念とも密接に関わっており、ＩＦＲＳにおける利益には、従来の期間損益概念になかった要素が「利益」として含まれることになります。

すべての資産・負債に公正価値評価が必須とは限らない

ただし、ＩＦＲＳにおいては、すべての資産・負債について公正価値（時価）による評価が必須というわけではありません。

■日本基準とIFRSの損益計算の違い（下図はイメージ）

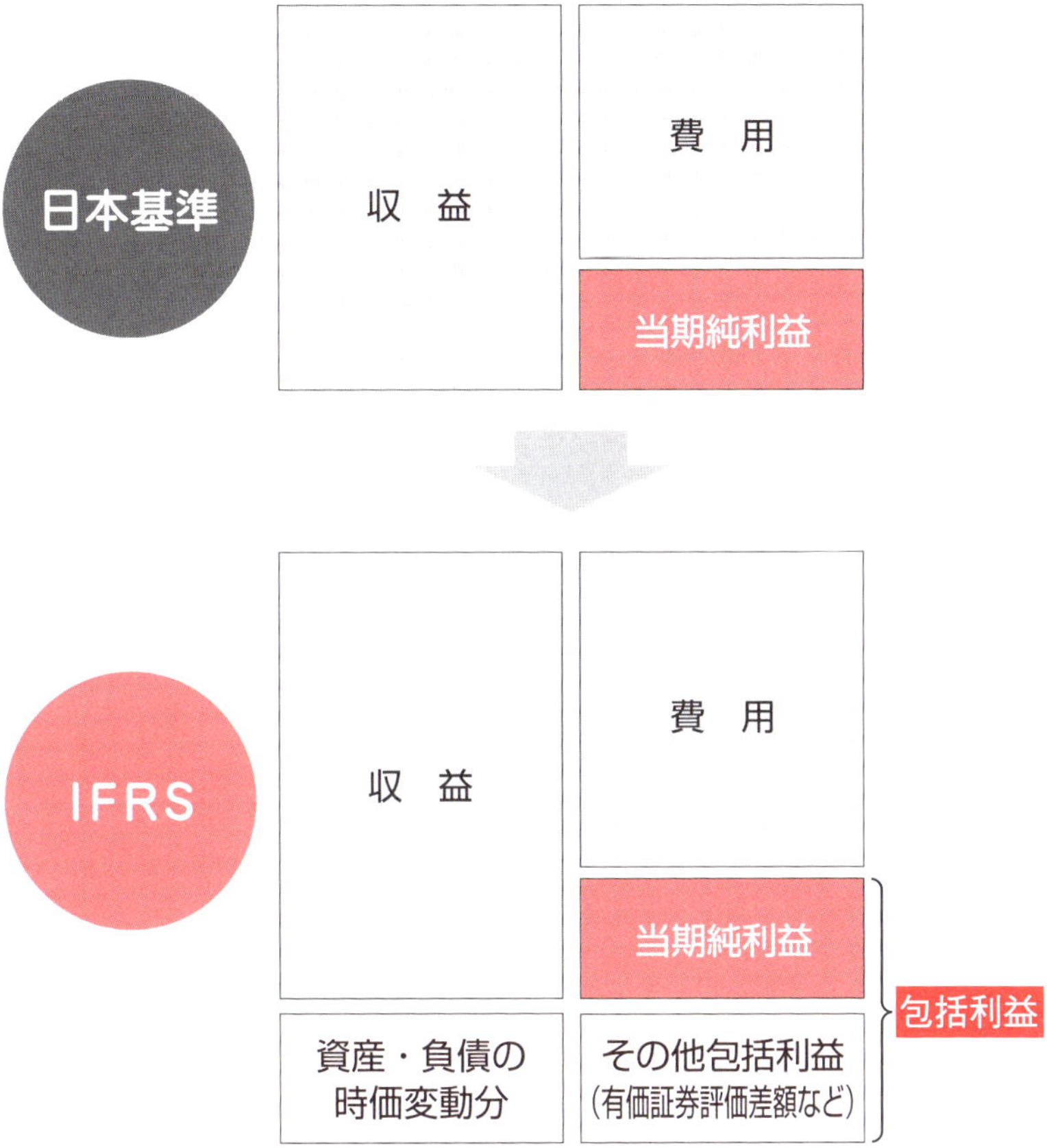

IFRSでは、資産・負債の時価評価差額を含めた**包括利益**を最終利益としている

公正価値（時価）による評価が必須とされているのは、金融商品の評価、ストックオプションなどの株式報酬《ほうしゅう》、Ｍ＆Ａに代表される企業結合会計、退職給付会計などの各分野に限られています。

たとえば、有形固定資産の期末評価は、帳簿価額《ちょうぼかがく》での評価（原価《げんか》モデル）と公正価値による評価（再評価モデル）の選択適用が認められていますが、必ずしも公正価値による評価が強制されているわけではないのです（１０６ページ参照）。

たしかに、ＩＦＲＳは公正価値による評価（時価会計）を志向していると考えられますが、**現状では全面的に時価主義を採用しているわけではない**ということにも注意が必要です。

第３章

ＩＦＲＳで会計実務はこう変わる！

IFRSが導入されると、企業の会計実務は実際にどのような影響を受けるのだろうか。おもな会計項目について、具体的にどこが、どのように変化するのかを押さえておこう。

1 売上計上のタイミングが「出荷時」よりも後になる!?

■「出荷基準」で売上計上している日本企業が多い

日本にＩＦＲＳが導入された場合、日本企業に大きなインパクトを与える可能性のある論点のひとつが、**収益認識**《しゅうえきにんしき》（売上計上）**基準**《きじゅん》です。

ここでは、製品や商品など物品の販売のケースを例に説明していきましょう。

現行の日本の会計基準における収益の認識は、「**実現主義**」にもとづくことが原則となっています。ここで「実現主義」とは、「商品やサービスを取引先に提供し、取引先から商品・サービスの対価《たいか》（現金や売掛金《うりかけきん》・受取手形などの現金同等物《どうとうぶつ》）を受領した時点で収益を認識する」という考え方です。

実現主義にもとづく具体的な収益認識基準としては、**出荷基準**（商品の出荷時点で収益を認識する基準）、**着荷基準**（商品が相手方に着荷した時点で収益を認識する基準）、**検収基準**（商品が相手方に検収された時点で収益を認識する基準）などがあり

ワンポイント知識

「認識」とは、収益など会計上の項目の計上のタイミングを意味する。たとえば、「収益の認識」とは、収益を「いつの時点（出荷時点、検収時点など）で計上するか」という問題となる。一方、会計の世界では、「認識」のほかに「測定」という言葉が出てくる。これは、会計上の項目を「いくらで計上するか」という問題で、収益の場合には、「収益額をいくらで計上するか」が収益の測定の問題となる。

■ 物品の販売に至るおもな流れ

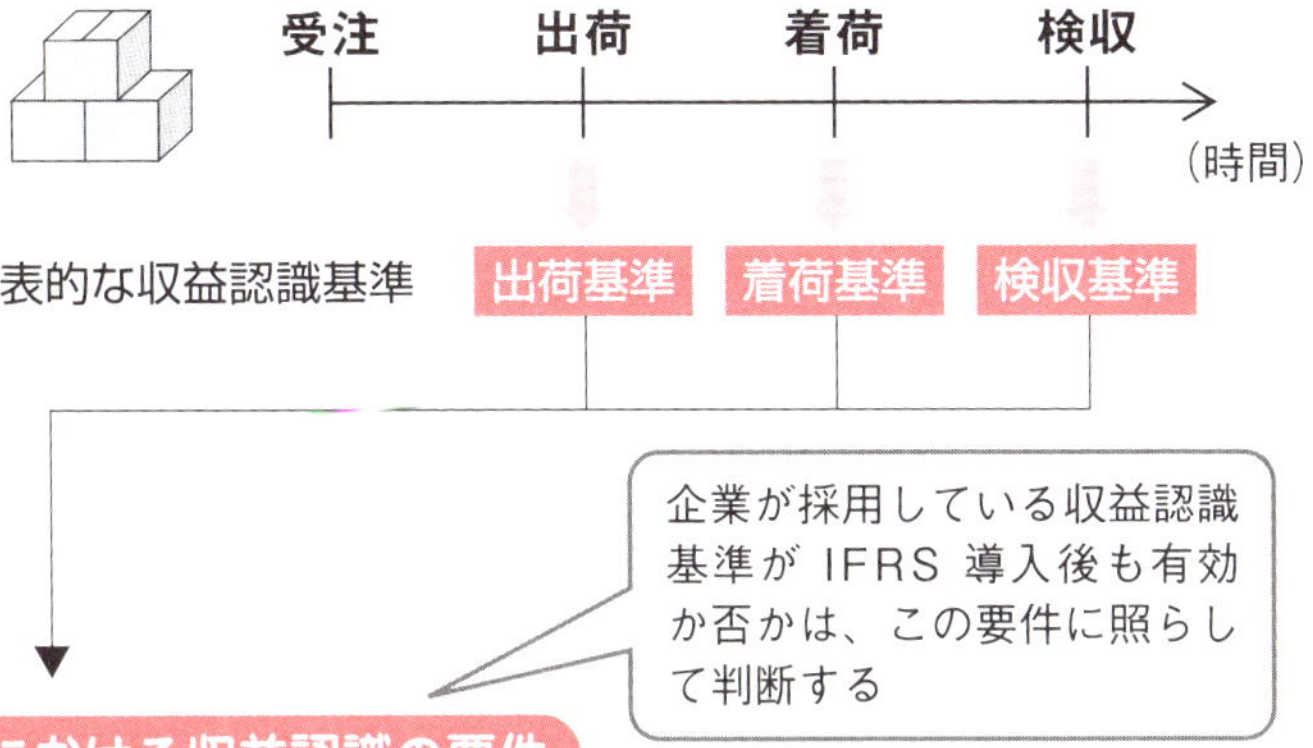

IFRSにおける収益認識の要件

▶以下の５要件のすべてが達成されたときに収益を認識する

1. 物品の所有による重要なリスクと経済価値が買い手に移転すること
2. 物品について、通常所有とみなされるような継続的な関与および有効な支配を保持しなくなったこと
3. 収益の金額を信頼性をもって測定することが可能
4. 取引に関する経済的便益が企業に流入する可能性が高い
5. 取引に関する原価（売上原価）を信頼性をもって測定可能

Point

とくに①の要件（リスクと経済価値の移転）が重要

ますが、現在の多くの日本企業は、出荷基準を採用していると思われます。

これに対してＩＦＲＳでは、物品販売の場合、前ページ図に挙げた５つの要件をすべて満たした時点で収益を認識することとしています。

■「リスクの移転」がとくに重要

５つの要件のなかでとくに重要なのは、❶「**物品の所有による重要なリスクと経済価値が買い手に移転すること**」の要件で、とくに「**リスクの移転**」に関する点です。たとえば、企業が自社の製品を工場から出荷して、トラックで相手先に積送するケースを考えてみましょう。

仮にトラックが積送途中に交通事故を起こし、トラックに積んだ自社製品が破損して売り物にならなくなったとします。このとき、「破損した製品を売り手と買い手のどちらが負担するのか」というのが「リスク」の移転の問題です。

もし破損した製品を売り手が負担する場合、この製品の所有にともなうリスクは出荷時点では買い手に移転していないことになります。すなわち、この場合、ＩＦＲＳのもとでは原則として出荷時点での売上の計上はできないということになります。

つまり、収益認識基準として出荷基準を採用している企業は、**ＩＦＲＳ導入によって出荷時点より後のタイミングで収益認識をせざるをえなくなる**可能性もあります。

■「リスク」の移転

「出荷後のどのタイミングで、製品にかかるリスクから売り手が解放されるのか？」という視点がポイント

▶収益認識基準として出荷基準を採用している場合

Q 出荷後、着荷までの積送中に商品が破損した場合に、売り手と買い手のどちらが商品の引取責任を負うか？

引取責任を負う当事者	商品の所有にともなうリスク	出荷時点での収益計上の可否(注)
買い手が負う場合	買い手が負担	出荷時点での収益計上可
売り手が負う場合	売り手が負担	可否については検討が必要

(注) 出荷時点での収益計上の可否については、商品の所有にともなうリスクだけではなく、IFRSが定めるその他の収益認識の要件を満たしているかも踏まえたうえで判断することが必要になる。

■基準が変わるとシステムや業務管理の見直しも必要!?

だからといって、出荷基準を採用しているすべての企業が、検収基準などに変更しなければならないわけではありません。重要なのは、「**出荷後のどのタイミングで製品にかかるリスクが買い手に移転するのか?**」という視点です。

たとえば、取引先との間の販売基本契約を変更して、積送中の製品の毀損《きそん》については買い手が負担することになれば、出荷時点で製品にかかるリスクが売り手から買い手に移転するので、出荷基準で売上を計上できる余地があります。

また、そのような基本契約の変更がむずかしくても、出荷後から検収時点までのどこかのタイミングで、製品にかかるリスクが買い手に実質的に移転することが検証されれば、その時点で収益を認識できる可能性があります。

一方、ＩＦＲＳの導入により企業の収益認識基準が変わると、それにともなって会計面以外にもさまざまな影響があります。

たとえば、出荷基準を採用していた企業が、ＩＦＲＳの導入により検収基準へ変更したとすれば、売上計上時点を変更するために販売システムの変更を検討する必要が出てきますし、相手先から検収書を入手して出荷データと照合するなど販売にかかる一連の業務管理の見直しが必要になるかもしれません。

製品のリスクはどの時点で移転するか

出荷しても「製品にかかるリスク」が売り手の企業にいまだ残ると考えられるケース　（IFRSにもとづく代表的な例）

1
機械装置を販売し、先方へも引渡しは完了している。しかし、機械装置の性能水準は、引渡し後も契約上定められた一定の水準にいまだ達していない。

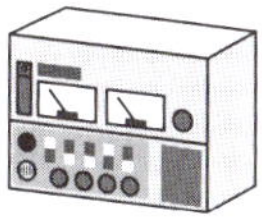

2
販売委託《いたく》契約を結んでいる企業に製品を出荷した。しかし、その販売委託先が実際に製品を販売するまでは、委託先から販売代金を回収できないことが条件となっている。

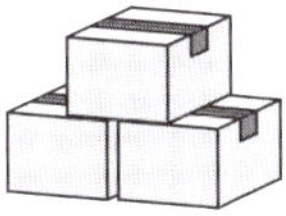

3
機械装置を出荷したが、先方への引渡条件として据付《すえつけ》工事が契約上必要である。しかし、据付工事が終わっておらず、買い手にとって機械装置は利用可能な状態ではない。

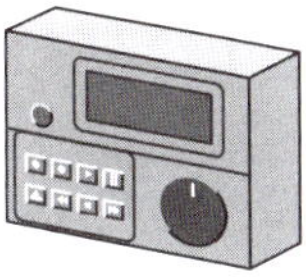

4
ある製品を出荷した。しかし、契約上、買い手は特定の事由《じゆう》があれば購入を取り消すことができる。しかし、売り手の企業にとって今後の返品の可能性は不確実である。

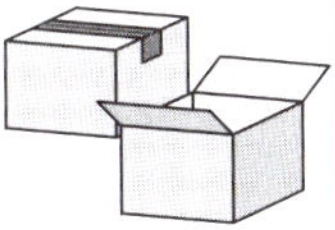

2 サービスや工事契約は「進行基準」で売上計上するのが原則

■「進捗《しんちょく》度」に応じて収益を計上する

現行のIFRSは、各種サービスの提供や工事契約にかかる収益の計上について、物品販売の場合とは異なる収益認識基準を定めています。

すなわち、物品販売のケースでは、「物品の所有による重要なリスクと経済価値が買い手に移転すること」など、89ページで挙げた5つの要件を満たす場合に収益を認識するのに対し、サービス提供や工事契約にかかる収益認識については、**サービス・工事の進捗度に応じて収益を認識する**ことが原則となります。

これを（**工事**）**進行基準**といいます。

一言でいえば、「サービスや工事の進行が20％進めば、契約金額のうちの20％だけ売上を計上する」というような考え方です（次ページ図参照）。

ワンポイント知識

当初は取引（工事契約）の成果を信頼性をもって見積ることができない場合であっても、事後的に信頼性をもって見積ることができるようになれば、その時点から（工事）進行基準を適用することがIFRSでは求められていることに留意が必要。

■工事進行基準のイメージ

例 工事契約（500万円、3年間）を工事進行基準および工事完成基準で計上した場合

		1年目	2年目	3年目
工事進行基準	原価	150	210	300
	収益	250	350	500
（参考）工事完成基準	原価	0	0	300
	収益	0	0	500

（単位：百万円）

完成前原価（１年目：150、２年目：210）については、未成工事支出金として資産計上される

（注）工事完成基準とは、工事完了時点で収益を計上する考え方

■取引の成果を見積れるかどうか

ただし、（工事）進行基準の採用にあたっては、取引（工事契約）の成果を、信頼性をもって見積れることが前提となります。

そのため、「サービス提供や工事契約にかかる収益・原価が最終的にいくらになるかわからない」という場合には、この基準を採用することはできません。

このように取引（工事契約）の成果を、信頼性をもって見積ることができない場合に認識される収益は、発生した原価のうち回収可能と見込まれる部分にかぎられます。

これを**（工事）原価回収基準**といいます。この場合には、利益は認識されないことに留意が必要です。

ワンポイント知識

IFRSの収益認識基準は、現在見直しの議論が進んでいる。今後、基準の改訂が行われる場合には、（工事）進行基準自体がなくなる可能性もある。2010年中に公開草案が公表される予定であり、今後の動向には十分に留意する必要がある。このようにIFRSの収益認識に関する改訂が現在提案されているため、IFRS導入のタイミングによっては適用される基準の影響を大きく受ける可能性がある。

3 有形固定資産のための借入費用は取得原価に算入される

■日本基準では借入《かりいれ》費用《ひよう》は財務費用としての処理が一般的

土地、建物、機械設備などに代表される有形固定資産に関する会計処理は、大きく分けて、❶取得原価《しゅとくげんか》の測定、❷減価償却の実施、❸有形固定資産計上額の評価（取得後の測定）の３ステップで行われます。

ここで焦点を当てるのは、❶「**取得原価の測定**」です。

ここでいう「取得原価」とは、有形固定資産の取得に要した支出額のことで、購入代金のほか、設置費用や当該資産を稼働可能な状態にするために必要な直接付随《ふずい》費用、資産除去債務《しさんじょきょさいむ》なども含まれます。

ＩＦＲＳも日本基準も、取得時には原則として取得原価にもとづいて資産計上を行うので、この点についてＩＦＲＳと日本基準との間には基本的に相違はありません。

しかし、取得原価の範囲において、ＩＦＲＳと日本基準の間にひとつ大きな特徴的

有形固定資産の取得原価

有形固定資産の取得原価の範囲

- 購入対価
- 付随費用
  - 引取運賃
  - 荷役費
  - 運送保険料
  - 購入手数料
  - 関税（附帯税を除く）
  - その他、資産の購入のために要した費用
  - ⋮
  - 借入費用 ➡ 日本基準では、必ずしも取得原価に算入されない

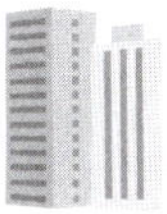

な差異があります。

それは、資産の取得に要した「**借入費用**」の取り扱いです。

現行の日本基準のもとでは、借入費用は一般に「財務費用」として扱われ、原則として有形固定資産の取得原価には含まれません。

例外としては、不動産開発事業を行う場合に特定の条件を備えている借入利子《りし》についての取扱いなどがありますが、特定の範囲の規定にすぎず、さらに算入するか否かは企業の任意となっており、けっして強制適用というわけではありません。

ワンポイント知識

このほか、IFRSでは、有形固定資産の将来の解体、除去費用、敷地の原状回復費用などについても将来の支出額を見積り、現在価値に割引いたものも取得原価に含めて計上することが必要になる。

■ＩＦＲＳでは「借入費用の資産化」が求められる

これに対して、ＩＦＲＳのもとでは、**有形固定資産を取得する場合に、その取得、建設、または製造を直接の原因とする借入費用（利息《りそく》、その他費用）については、これを取得原価に算入しなければなりません。**

ただし、このような「**借入費用の資産化**」の対象となる有形固定資産は、製造プラントや発電設備のような「使用または販売が可能となるまでに相当の期間を必要とする資産」であり、必ずしもすべての有形固定資産の取得で求められているわけではありません。

また、「借入費用の資産化」は、資産を取得するために直接資金を借入れるような「ひも付き」の場合だけでなく、一般目的で借入れた資金を、資産を取得する目的で使用する場合にも求められます。

今後、日本にＩＦＲＳが導入される場合には、取得する有形固定資産に対して、このような「借入費用の資産化」が求められることになります。

たとえば、自社ビルを建設するために銀行から直接資金の借入を行う場合、借入にともなう利息などの費用は即座に費用計上されずに取得原価に算入されます。そのため、日本基準にもとづいて算出される取得原価よりも、ＩＦＲＳにもとづく取得原価のほうが大きくなり、将来発生する減価償却費が多額になる可能性もあります。

ワンポイント知識

借入費用の資産化の対象となる資産は「適格資産」と呼ばれるが、有形固定資産に限らず、使用または販売可能な状態になるまでに相当期間を要するのであれば、棚卸資産なども適格資産になりうる。

有形固定資産取得のための借入費用

IFRS：一定要件を満たす借入費用は、有形固定資産の取得原価に算入しなければならない

1 おもな借入費用

資金の借入に関連して発生する利息、その他の費用

2 対象資産（適格資産） ➡ 適格資産の特定が必要

➡使用または販売可能な状態になるまで相当期間を要する資産（製造プラント、発電設備など）

3 原価算入すべき借入費用

（A）資産取得のための直接借入のケース

（B）一般目的で借入れた資金のうち資産取得目的で使用するケース

→原価算入の対象となる借入費用は、使途《しと》があらかじめ決められている「ひも付き」の借入ばかりではないことに留意すること！

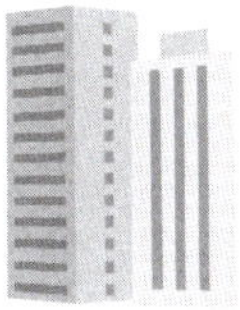

IFRSが導入されれば、日本企業も同様の会計処理が必要になる！

4 有形固定資産の減価償却は償却単位や償却方法の検討が必要

■減価償却に必要な3つのポイント

有形固定資産の取得原価が決まると、その取得原価を基礎として減価償却が行われます。

減価償却とは取得原価を耐用年数にわたって費用化することですが、その前提として、**❶減価償却単位**、**❷減価償却方法**、**❸耐用年数および残存価額**を決定しておくことが必要になります。

これら❶〜❸のポイントについて、ＩＦＲＳと日本基準との間には特徴的な差異があります。以下、順番に説明していきましょう。

■重要な構成部分に分けて個別に減価償却

たとえば、ある企業が航空機《こうくうき》を購入した場合に、ⓐ航空機の取得原価全体に対して

IFRSにおける減価償却単位

有形固定資産中の重要な構成部分（取得原価総額に比して金額的に重要な部分）については、個別に減価償却を行う

例 航空機の減価償却のケース

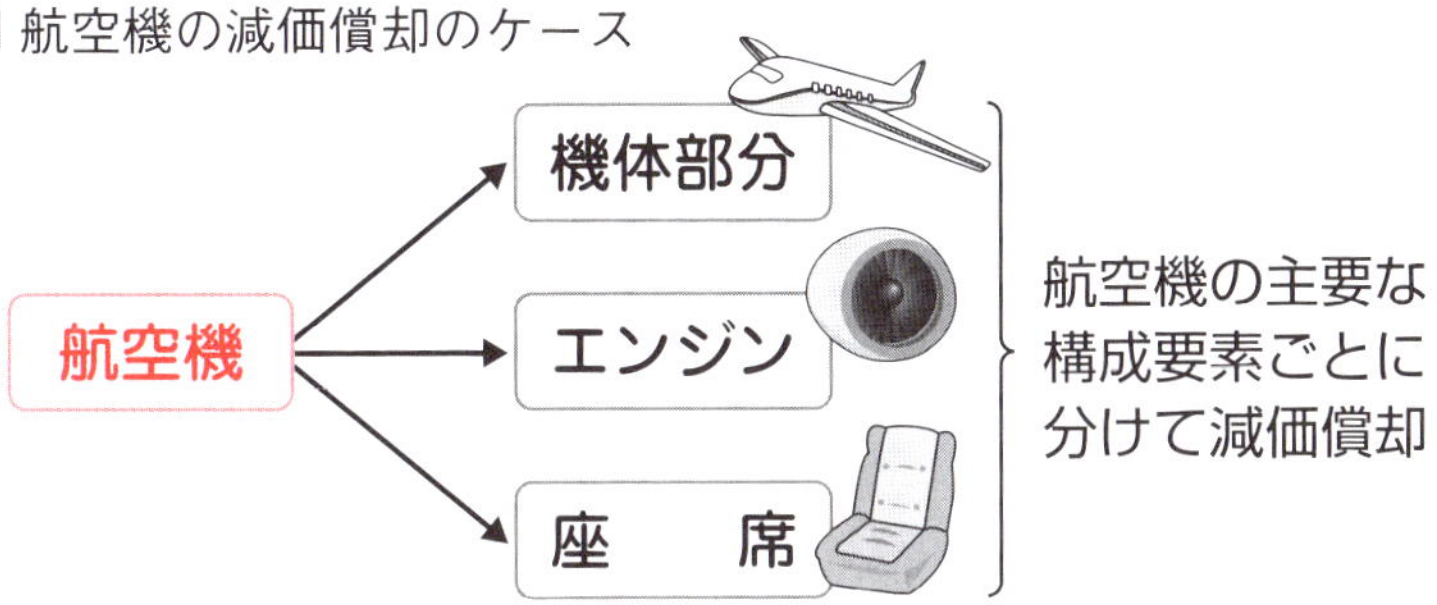

減価償却を行うべきでしょうか。それとも、ⓑ航空機をエンジンや座席などいくつかの構成部分に分解し、それぞれの取得原価に対して個別に減価償却を行うべきでしょうか。

このような減価償却単位に対する考え方は、IFRS導入に際して検討を要するポイントのひとつとなります。

IFRSでは、減価償却単位の決定については、ⓑの考え方をとっています。つまり、**有形固定資産を重要な構成部分に分けて、個別に減価償却を行います**（**コンポーネント別減価償却**）。その際、重要な構成部分であるかどうかは、全体の取得原価総額から判断します。

一方、日本基準には減価償却単位について該当する規定がないので、取得した

有形固定資産を全体として減価償却を行うか、いくつかの構成部分ごとに減価償却を行うかの判断は、各企業に委ねられていると考えられます。

今後、日本にもＩＦＲＳが導入されると、企業にはコンポーネント別減価償却が求められることになります。その際、自社で有する有形固定資産の従来の減価償却単位が、ＩＦＲＳに照《て》らして適切であるかどうかの検討が必要となります。

とくに、従来の減価償却単位がＩＦＲＳで求めている処理と大きく乖離《かいり》している場合には、固定資産システム上の手当ても考慮に入れた対応が必要になることも想定できるでしょう。

■「減価償却方法」は費消《ひしょう》パターンの適切な反映がカギ

ＩＦＲＳでは、減価償却方法として定額法《ていがくほう》、定率法《ていりつほう》、生産高比例法《せいさんだかひれいほう》が例示されています。

ただし、これらはあくまで例示であって、資産の経済的便益《べんえき》が費消されるパターンを適切に反映するのであれば、例示以外の減価償却方法を採用することもできます。

逆にいえば、**企業が減価償却方法を選択するにあたっては、その有形固定資産の経済的便益が費消されるパターンを適切に反映していることを証明する必要があります。**

一方で、日本企業は多くの場合、実務上、税法の規定に準拠した減価償却方法を採

キーワード：資産の経済的便益が費消されるパターン

設備などを使用すれば、①使用にともなう資産の摩耗、時間の経過にともなう老朽化、②技術の急速な進展にともなう陳腐化が起こりうる。これらの要因による資産の価値の費消パターンは、個々の企業の状況などに即して判断する必要がある。

減価償却方法の種類

定額法

- 毎年均等になるように費用配分する方法

定率法

- 毎期末の未《み》償《しょう》却《きゃく》残高《ざんだか》に一定の率をかけて計算する方法

生産高比例法

- 固定資産の利用度に応じて減価償却費を計上する方法

定額法・定率法のイメージ

（取得原価10,000、耐用年数20年にて計算した場合）

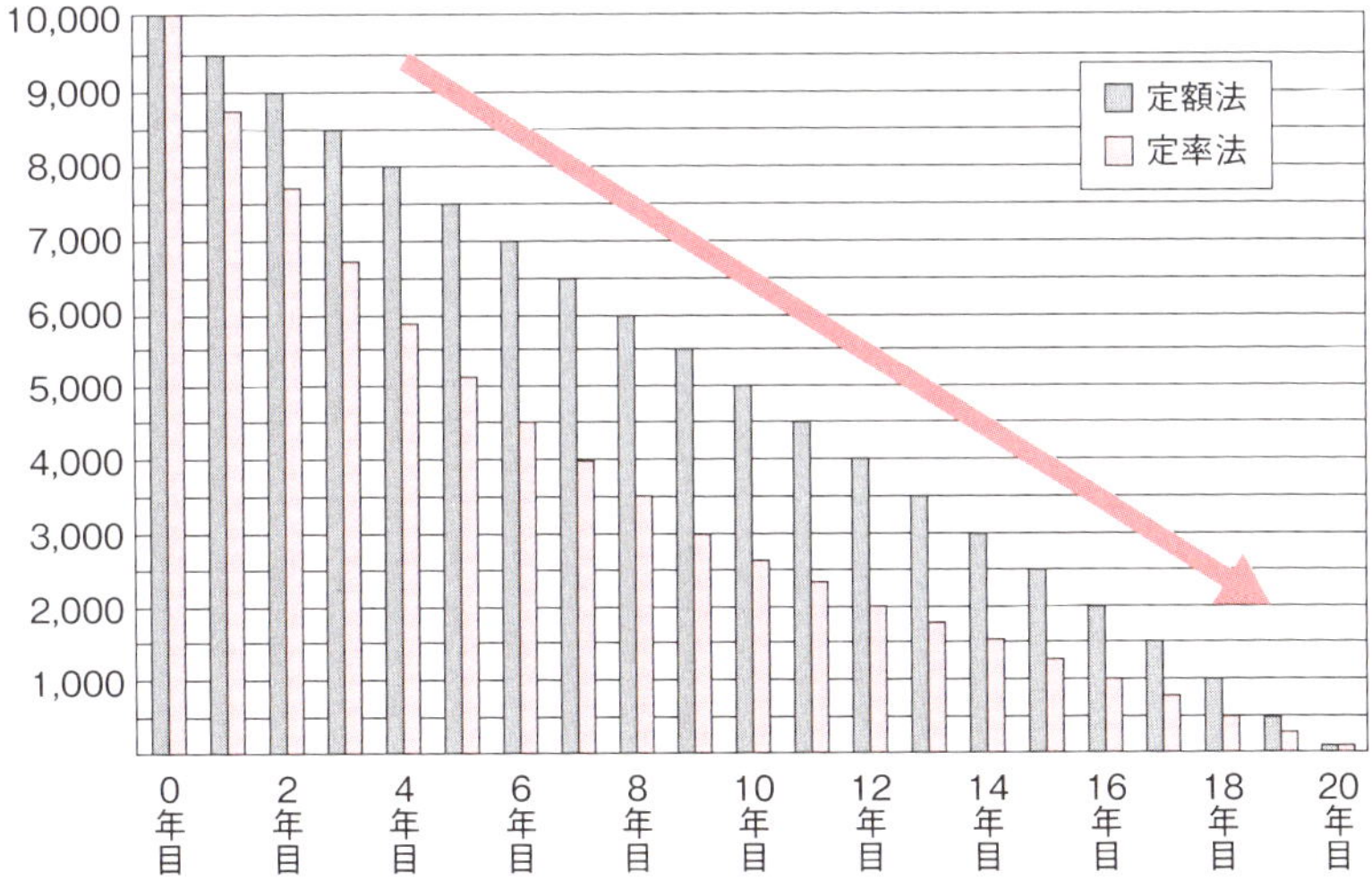

用してきました。

しかし、たとえ税法に準拠していたとしても、そこで採用した減価償却方法が、資産の経済的便益の費消パターンを必ずしも反映しているとはかぎりません。

したがって、ＩＦＲＳの導入にあたっては、企業が個別の有形固定資産に対して採用している減価償却方法が、その資産の経済的便益の費消パターンを適切に反映しているか否かについての検討が必要になります。

■「耐用年数および残存価額」は毎年度末に見直しが必要

ＩＦＲＳのもとでは、**耐用年数については使用頻度、陳腐化などの要因を考慮して決定し、残存価額については耐用年数終了時の売却価額をもとに算出《さんしゅつ》する**こととしています。

そのうえ、耐用年数および残存価額は、（減価償却方法も含めて）少なくとも毎年度末に見直さなければなりません。

さらに、これらに変更がある場合は、修正を行った事業年度を含む将来に向けて、償却額および期間の調整を行う必要があります。

これに対して日本の会計実務においては、耐用年数は税法上定められた年数（法定耐用年数）、残存価額は（２００７年４月１日以降取得分については）備忘価額《びぼうかがく》（１円）

減価償却におけるIFRSと日本基準の違い

	IFRS	日本基準
減価償却単位	有形固定資産を重要な構成部分に分けて、個別に減価償却を実施（コンポーネント別減価償却）	該当する規定はない
減価償却方法	資産の費消パターンに応じて選択。定額法、定率法、生産高比例法が例示されている	実務上は、（著しい相違がないかぎり）一般に税法の償却方法が用いられることが多い
耐用年数	経済的耐用年数	経済的耐用年数。 実務上は、（著しい相違がないかぎり）一般に税法耐用年数を利用することが多い
残存価額	経済実態を反映して決定	耐用年数到来時に予想される売却価額または利用価額。 実務上は、税法の残存価額が用いられることが多い

とするなど、税法基準を採用している企業が多いと考えられるため、年度末における特段の見直しは行われない場合が多いと思われます。

このように、IFRSが導入されれば減価償却の各計算要素に対して合理的な説明や見直しが求められます。したがって、IFRSの導入により、減価償却の各要素の合理性を検証する作業が必要となります。

そのうえ、見直しの結果、減価償却方法などを変更するような場合には、固定資産台帳《だいちょう》や固定資産システムのデータ修正および設定変更を検討しなければなりません。

5 有形固定資産の取得後の評価方法には2種類ある

■「原価モデル」か「再評価モデル」を選ぶ

ＩＦＲＳのもとでは、有形固定資産の取得後の評価方法として、❶**原価モデル**、または❷**再評価モデル**のいずれかを選択して、同じ種類の有形固定資産に一律に適用しなければなりません。

❶**原価モデル**：取得原価から減価償却累計額《るいけいがく》および減損損失《げんそんそんしつ》累計額を控除《こうじょ》した価額で計上する方法

❷**再評価モデル**：再評価実施日の公正価値（時価）から減価償却累計額および減損損失累計額を控除した価額で計上する方法

❶原価モデルは現行の日本基準と同様の評価方法です。一方、❷再評価モデルは、

■ IFRSにおける有形固定資産の取得後の評価方法

❶ 原価モデル

期末評価額＝取得原価－減価償却累計額－減損損失累計額

❷ 再評価モデル

期末評価額＝
再評価額（再評価日の公正価値）－減価償却累計額－減損損失累計額

２つのうちいずれかを選択適用

❶原価モデルにおける取得原価相当額を公正価値（時価）によって定期的に再評価を行うもので、現行の日本基準では認められていない評価方法です。

■再評価モデルは実務負担が大きい

❷再評価モデルを選択した場合、IFRSでは、企業は有形固定資産の公正価値評価だけでなく、各資産の❶原価モデルにもとづく帳簿価額も開示することが求められます。

つまり、**❷再評価モデルでの開示を行う場合には、あわせて❶原価モデルにもとづく帳簿価額を記録する必要があるので、実務上の負担は少なくないでしょう。**

6 リース契約の有無については実質的な判断が求められる

■日本基準とIFRSの差異に注意が必要

日本のリース取引にかかる会計基準は、従来、所有権《しょゆうけん》移転《いてん》外《がい》ファイナンス・リース取引で一定の要件を満たす場合は、賃貸借《ちんたいしゃく》取引に準じた例外的な会計処理が認められていました。

しかし、会計基準のコンバージェンスの観点から、この例外規定を廃止し、「リース取引に関する会計基準」および「リース取引に関する会計基準の適用指針」が公表され、２００８年４月１日以後開始事業年度から適用されています。

このような日本の会計基準の改正にともない、現行の日本の会計基準とＩＦＲＳとは、重要な点でほぼ類似した内容となっていますが、なお差異が生じている点もあるので留意が必要です。

ここでは、リースに関するＩＦＲＳのおもな特徴を中心に述べていきましょう。

IFRSにおけるリース契約の扱い

IFRSでは、契約におけるリースの有無について
実質的な判断が必要

Point

契約書のレビューなどを行い、
契約内容の確認作業が必要

契約内容を確認する作業が必要

ＩＦＲＳでは、**リース契約の有無について実質的な判断をすることを求めています。**

たとえば、法的形式がリース契約でなくても、「契約により資産の使用権が移転しているか」などに着目してリースの有無を判断することが必要となります。

たとえば、システムのアウトソーシング、メーカーの金型《かながた》などが議論の対象となる可能性があります。

したがって、ＩＦＲＳ導入にあたっては、リース契約を含む可能性があるものについては、契約内容を確認する作業が必要になるでしょう。

■ファイナンス・リースは所有権移転の有無を問わない

ＩＦＲＳでも日本基準と同様に、リースを**ファイナンス・リース**と**オペレーティング・リース**のどちらかに分類する必要があります。

オペレーティング・リースは、ＩＦＲＳ、日本基準ともに「ファイナンス・リース以外のリース」として定義されているので、ファイナンス・リースをどのように定義するかがポイントになります。

日本の会計基準ではファイナンス・リースを解約不能かつフルペイアウトの要件を満たすリース取引とし、所有権移転の有無によって分類しています。また、その判定について具体的な数値基準を設けています。

これに対して、ＩＦＲＳではファイナンス・リースを資産の所有にともなうリスクと経済価値が実質的にすべて借手に移転するリース取引とし、所有権移転の有無は問いません。また、その判定については契約の法的形式よりも取引の実質により判断することを求めています。

ファイナンス・リースに関して、ここで述べたことを補足してまとめたのが左の表です。

ＩＦＲＳでは、**ファイナンス・リースの判定は契約の法的形式よりも取引の実質により判断することがポイントとなるため、個々の契約内容に照らして実質的な判断を**

キーワード：フルペイアウト

フルペイアウトとは、リース物件を自己所有すれば得られると期待されるほとんどすべての経済的利益を享受でき、かつリース物件の使用にともなって生じるコスト（リース物件の取得価額相当額、維持管理費用などの費用、陳腐化にともなうリスクなどのほとんどすべてのコスト）を実質的に負担することをいう。

■ファイナンス・リースにおける日本基準とIFRSの違い

	日本の会計基準	IFRS
定義	ファイナンス・リースとは、解約不能かつフルペイアウトの要件を満たすリース取引をいう	ファイナンス・リースとは、資産の所有にともなうリスクと経済価値が、実質的にすべて借手に移転するリース取引をいう
所有権移転	ファイナンス・リースを以下のように分類する ①所有権移転ファイナンス・リース ②所有権移転外ファイナンス・リース	ファイナンス・リースについて、所有権移転の有無は問わない
ファイナンス・リースの判定	ファイナンス・リースの判定に関して、以下の判定基準が用いられる ①解約不能のリース期間中のリース料総額の現在価値が、見積現金購入価額のおおむね90％以上（現在価値基準） ②解約不能のリース期間が、当該リース物件の経済的耐用年数のおおむね75％以上（経済的耐用年数基準）	ファイナンス・リースの判定に関して、契約の法的形式よりも取引の実質により判断する （実質的判断の指標として、通常ファイナンス・リースとして分類される状況、単独または組み合せによってファイナンス・リースに分類されうる状況に分けて例示を列挙している）

することが必要になると考えられます。

■会計処理は原則的な処理が求められる

最後に、リースの会計処理について述べておきましょう。

以上のように、リースはファイナンス・リースとオペレーティング・リースに分類され、かつ契約当事者は借手と貸手に分けられるので、４通りの会計処理が考えられます。ＩＦＲＳにおける会計処理をまとめたのが次ページの表です。

ＩＦＲＳは、あくまでも表のような原則的な会計処理を求めるのに対し、日本の会計基準ではファイナンス・リースの所有権移転の有無や重要性により、簡便的な会計処理が認められています。現在、簡便的な会計処理を行っている場合は、ＩＦＲＳに従った会計処理に変更する必要が生じるケースがあることに留意が必要です。

以上のように、**ＩＦＲＳはリースの有無や分類に関して実質的判断を求め、会計処理については原則的な処理を求めています**。これにともない、従来よりも作業負担が増えることも考えられ、データ入手体制の構築などの事前準備が必要になります。

ワンポイント知識

ＩＦＲＳにおけるリースの会計基準は現在、見直しの議論が進んでいる。2009年に公表されたディスカッションペーパーによれば、ファイナンス・リース、オペレーティング・リースという分類によらず、すべてのリース契約についてリース資産に対する使用権、およびリース料支払義務をそれぞれ資産、負債として計上することが提案されている。

ファイナンス・リースとオペレーティング・リースの会計処理

	ファイナンス・リース	オペレーティング・リース
借手	リース期間の開始時点で、以下のいずれか低い金額により、資産・負債を計上する ①リース開始日におけるリース資産の公正価値 ②リース開始日における最低リース料総額の現在価値	原則として、リース料を定額法によりリース期間にわたって費用認識する
	金融費用は負債残高に対して一定の期間利子率となるように、リース期間にわたって配分する（利息法）	
	リース資産の減価償却方法は、自己所有の減価償却資産の方法と首尾一貫させる。 耐用年数については、所有権移転が確実であれば資産の見積使用期間とし、不確実であればリース期間と耐用年数のいずれか短い期間となる	
貸手	正味リース投資未回収額に等しい額を受取債権として認識する	原則として、リース収益をリース期間にわたり認識する
	金融収益は正味リース投資未回収額に対して一定の期間利益率となる方法で認識する（利息法）	

7 研究開発費の「開発費用」は資産計上される可能性がある

■日本基準では研究開発費はすべて費用処理になる

研究開発費に関する会計処理は、多額の研究開発費を計上している企業にとっては企業の利益および財政状態に大きな影響がおよぶ可能性があります。

現行の日本基準においては、すべての研究開発費は発生時に費用処理することが求められています。

これに対してＩＦＲＳでは、**研究開発費のうち一定の要件を満たすものは資産計上しなければなりません**。

ＩＦＲＳは研究開発活動を、「研究」局面と「開発」局面とに区分して、それぞれの会計処理を定めていますが、このうち資産計上の可能性があるのは「開発」に要した費用です。

以下、順番にそれぞれの会計処理について説明していきましょう。

研究開発費の会計処理の違い

	IFRS	日本基準
研究局面	すべて発生時に費用処理する	研究局面と開発局面という区別はなく、研究開発費は発生時にすべて費用処理され、無形資産に計上できない
開発局面	一定の要件のすべてを満たす支出は無形資産に計上し、それ以外は費用処理する	

開発費用の一部は資産計上される

ＩＦＲＳにおける「研究」とは、基礎研究のように新規の知識を得ることを目的とする活動を指します。

たとえば、研究成果が実際の製品化につながり、将来の収益に結び付く可能性が高いとはいえないため、ＩＦＲＳのもとでは、研究に要した支出については発生時に費用処理することとされています。

一方、「開発」とは、試作品の開発などのように、新規、または大幅に改良された製品・サービスなどのための研究成果、または他の知識の応用を意味します。

開発に要した支出のうち、一定の要件を満たすものは資産計上が求められます。逆に、一定の要件を満たさなければ、研究に要した費用と同様に発生時に費用処

キーワード：無形資産

「無形資産」とは、土地・建物などとは異なり、物理的実体のない資産のうち一定要件を満たすものとIFRSでは定義される。特許権、商標権などのような法的権利性のあるもののほか、特許権のない技術など単独で処分可能なものも含まれる。

理しなければなりません。

■「経済的便益を生むかどうか」が判断のカギ

では、開発費として資産計上するための一定の要件とは、どのようなものでしょうか。

ＩＦＲＳでは、開発局面での支出が、次ページの図に示した「６つの要件」をすべて満たした場合に資産として計上しなければならないとしています。

この６要件のなかでもっとも重要なのが、❹**「将来的に経済的便益を創出する可能性が高い」**という要件です。

これは別の言葉で言い換えるならば、たとえば、ある製品開発プロジェクトが成功し、製品を市場で販売することによって利益、またはキャッシュを獲得できる可能性が高いという状況を指します。

開発費を資産計上するためには、これら６要件を満たすか否かを企業自身が立証する必要があり、そのためには詳細な分析が必要となります。

そもそもの前提として、企業の研究開発活動を研究局面と開発局面に区別して把握することが必要であると同時に、開発局面で要した支出については６要件の合否を詳

■ 開発費を資産に計上するための要件

▶以下の６要件をすべて満たした場合には、開発費を資産計上しなければならない

1. 使用または売却できるように、完成させることの技術上の実行可能性がある
2. 完成させ、使用または売却するという企業の意図がある
3. 使用または売却できる能力がある
4. 将来的に経済的便益を創出する可能性が高い
5. 完成させ、使用または売却するための技術上、財務上、またはその他の資源が利用可能である
6. 開発期間中の支出について信頼性をもって測定できる

細に分析できるような社内的なしくみが構築されていなければなりません。

その際には、開発プロジェクトを管理するための新たなシステムの導入も検討する必要があるかもしれません。

さらに、開発費の資産計上のための６要件（とくに④の要件）は、企業の高度な判断を要し、かつ判断自体が困難である場合が多いと考えられます。

業界によっては研究開発費が損益に与えるインパクトが大きいケースも少なくないので、ＩＦＲＳの適用においては、とくに慎重に判断すべきポイントのひとつといえるでしょう。

8
IFRSでは引当金は「債務性」が求められる

■引当金《ひきあてきん》を計上する3つの要件

引当金とは、将来、費用または損失が発生するかもしれないリスクをあらかじめ負《ふ》債《さい》として計上したものです。

現行の日本基準では、以下の４つの要件をすべて満たした場合に引当金を計上しなければならないとしています。

①将来の特定の費用または損失であること
②その発生が当期以前の事象に起因していること
③発生可能性が高いこと
④金額を合理的に見積ることができること

これに対して、ＩＦＲＳでは次に挙げる３つの要件をすべて満たした場合に引当金を計上しなければなりません。

❶企業が過去の事象の結果として現在の債務《さいむ》（法的または推定的）を有している

❷債務を決済するために、経済的便益を有する資源の流出が必要となる可能性が高い

❸債務の金額について信頼できる見積りができる

■契約や法律にもとづく「法的債務」

ＩＦＲＳの要件と日本基準とを比べた場合の第１の特徴は、**ＩＦＲＳが引当金を「債務」であると規定している**点です。

これに対して日本基準では、「将来の特定の費用または損失」と規定しているだけで、必ずしも債務性を要しているわけではありません。

この「債務」とは、具体的にはどのようなことを意味しているのでしょうか。

ＩＦＲＳにおける「債務」とは、「**法的債務**」と「**推定的債務**」から成ります。

まず、契約や法的要因に起因する、いわゆる一般的な債務が「法的債務」です。

たとえば、ある企業が過去の何らかの行為により罰金、その他費用の負担を行政当局から命じられたとします。

これは、企業の過去の行為の結果、罰金、その他費用という債務を現在負担し、企業の将来の活動にかかわらずこれを支払わなければならないことを意味します。すなわち、過去の事象の結果として、現在の債務を負っていることになります。

これに対して、法律により将来の企業活動に関連して、特定の機械装置の設置など何らかの支出を企業に義務付ける場合を考えます。

この場合、企業の今後の活動方針しだいでは、このような支出を回避することができると考えられるため、現在時点では法的債務を負っているわけではありません。したがって、このような支出に対する引当金を計上することはできません。

■企業の意思決定だけで発生するわけではない「推定的債務」

一方で、「推定的債務」と呼ばれるものもまた、ＩＦＲＳ上の「債務」に含まれるとされています。

「推定的債務」とは、企業が外部に対して一定の債務を負うことを表明し、それにより「企業がその債務を負う」という期待を企業外部にもたせるような債務のことを指します。

すなわち、「推定的債務」は企業の一方的な意思決定のみにもとづいて発生するわ

キーワード：法的債務

契約（明示的または黙示的な条件を有する）、法律の制定、または法律のその他の運用により発生した債務。

引当金の計上要件

▶以下の3要件をすべて満たした場合には引当金を計上しなければならない

❶ 企業が過去の事象の結果として現在の債務(法的または推定的)を有している

❷ 債務を決済するために、経済的便益を有する資源の流出が必要となる可能性が高い

❸ 債務の金額について信頼できる見積りができる

Point

❶の要件（現在の債務）と
❷の要件（可能性が高い）が重要

?

「過去の事象の結果として現在の債務を有している」
とは？

①期末日現在の債務であり、将来の活動により回避することができるものは現在の債務には含まれない

②債務の相手方が存在することが必要

キーワード：推定的債務

以下のような企業の行為から発生した債務。

過去の経験により確立された実務慣行や行動パターン、公表されている方針または十分な具体性を有する声明や陳述などにより、企業が外部に対し一定の債務を負うことを表明し、その責務を果たすであろうという妥当な期待を与えている。

けではなく、外部の第三者に対して企業が債務を負担するという期待をもたせる必要がある点に留意が必要です。

この「推定的債務」にもとづく引当金の代表例としては、１２４ページで詳しく説明するリストラに関する引当金があります。

引当金の要件の「可能性が高い」とは50％超を指す

ＩＦＲＳの引当金の要件の２つ目の特徴は、❷「債務を決済するために、経済的便益を有する資源の流出が必要となる可能性が高い」という要件の「**可能性が高い**」という表現の解釈です。

日本基準においてもＩＦＲＳと同じような表現をしていますが、現行の日本基準には引当金についての定義や会計処理などを定めた引当金に関する包括的《ほうかつてき》な基準はないため、具体的な解釈は示されていません。

これに対して、ＩＦＲＳはその表現の解釈についても触れています。

それによれば、**ＩＦＲＳでいう「可能性が高い」とは、事象の発生する確率が50％超の場合を指す**とされています。

そのため、発生可能性を検討するにあたっては、事象が起こらない可能性よりも起こる可能性のほうが高いかどうかを過去の経験などから判断する必要があります。

以上のように、日本の会計基準とＩＦＲＳの引当金計上に関する要件の違いから、ＩＦＲＳを導入すると、従来と同様に引当金を計上できないものが出てくる可能性があります。

9 修繕やリストラに関する引当金の取扱いが変わる

■債務性のない修繕引当金は計上できない

前項では、ＩＦＲＳにおける引当金の計上要件について日本基準と比較しながら説明しました。

それでは、ＩＦＲＳの導入により日本基準のもとで計上されてきた引当金の取扱いは、どのように変わることが予想されるでしょうか。

ここでは、いくつかの例を挙げて説明していきましょう。

ＩＦＲＳでは、引当金の計上要件として「債務性」が要求されることは前項で説明したとおりです。

これに対して、日本基準では必ずしも引当金の計上要件として債務性が求められているわけではないので、ＩＦＲＳが導入されれば日本基準のもとで計上されてきた

「**非債務性引当金**《ひさいむせいひきあてきん》」の計上は認められなくなります。

たとえば、非債務性引当金の代表的な例として、「修繕引当金《しゅうぜんひきあてきん》」と「特別修繕引当金」を考えてみましょう。

企業が有する工場設備は、メンテナンスのために定期的に修繕が必要となる場合があります。「修繕引当金」や「特別修繕引当金」は、このような将来の修繕に要する支出を見積って計上する引当金です。

しかし、このような修繕のための支出は、将来の企業の方針によっては必ずしも避けられないものではないため、債務性があると一概にはいえません。また、たとえ修繕が法律上の要請であったとしても、設備を売却することにより修繕が回避できるかもしれません。

このように、**将来の支出がＩＦＲＳ上の「債務」にあたらなければ、引当金の計上は認められなくなります**。

■リストラ引当金は「推定的債務」

リストラ引当金は、事業からの撤退などにともなうリストラにかかる将来の支出に備えて計上される引当金です。日本ではよく、「構造改革引当金《こうぞうかいかくひきあてきん》」といった名称で計上されています。

ＩＦＲＳでは、リストラに関する債務の成立要件として、**①リストラに関する公式計画が存在していること**、および**②リストラ計画を利害関係者に公表することにより、リストラに対する期待をもたせていること**――を挙げています。

つまり、リストラ引当金を計上するためには、リストラにかかる将来の支出が１２０ページで説明した「推定的債務」の要件を満たさなくてはなりません。

これに対して、日本基準ではリストラ引当金の計上に関する具体的な規定はないので、計上のタイミングは多くの場合、企業の実務判断に委ねられていると考えられてきました。

したがって、リストラのケースによっては、ＩＦＲＳの導入によって引当金計上のタイミングが従来と比べて大きく変わる可能性があります。

通常、リストラ費用は多額にのぼるケースが多いので、リストラ引当金の計上のタイミングによっては、企業の損益に大きなインパクトをおよぼす事態も考えられます。

■「債務性の有無」が引当金計上のポイント

日本基準では、ここに挙げた引当金のほかにも、製品《せいひん》保証《ほしょう》引当金《ひきあてきん》、債務《さいむ》保証《ほしょう》損失《そんしつ》引当金《ひきあてきん》などさまざまな引当金が存在します。

このような引当金についても同様に、ＩＦＲＳ導入により引当金計上が認められる

キーワード：製品保証引当金

製品販売後の無償修理などの製品保証により生じる費用にかかる引当金のこと。

引当金の会計処理の違い

IFRS	日本の会計基準
現在の債務ではないものについて引当金を計上することは認められない	現在の債務とはいえないものであっても、引当金の計上要件を満たすものは引当金として計上する

のか、または計上のタイミングがどのように変わる可能性があるのかなどの詳細な検討が必要になります。

検討するうえでもっとも重要なのが、「債務性」の有無についてでしょう。

再三説明しているとおり、日本基準とＩＦＲＳでは引当金の計上要件は「債務性」の有無という点で大きく異なり、従来の日本企業が計上してきた引当金も、ＩＦＲＳが求める「債務性」の要件に照らせば計上が認められなくなる可能性があります。

したがって、ＩＦＲＳの導入にあたっては、**引当金がＩＦＲＳの規定する「債務性」の要件を満たすか否かの検討が重要になる**ことに留意が必要です。

キーワード：債務保証損失引当金

企業が債務保証を行っている場合、債務保証先が経営破綻などの理由により債務不履行となる可能性があり、その結果保証人たる企業に将来発生する可能性の高い損失を合理的に見積ることにより計上される引当金のこと。

10 有給休暇について引当金を計上しなければならない!?

■未消化の有給休暇は引当金計上が必要になる

企業が従業員に対して付与する有給休暇について、これまでの日本基準では特段の会計処理は求められていませんでした。

しかし、ＩＦＲＳが導入されると一定の有給休暇について「**有給休暇引当金**」の計上が求められます。

有給休暇引当金とは、企業が従業員に付与した有給休暇のうち未消化分について、翌年度以降にどのくらい消化されるか見積ったものを金額に換算したものです。これは引当金として負債に計上するとともに、その同額分を費用として計上します。

ただし、有給休暇引当金は従業員のすべての有給休暇に対して計上するわけではなく、未消化分を将来の期間に繰《く》り越《こ》すことができるものにかぎられます。

有給休暇の未消化分が翌年度に繰り越される場合が多い日本企業は、ＩＦＲＳの導

有給休暇引当金はどうなる?

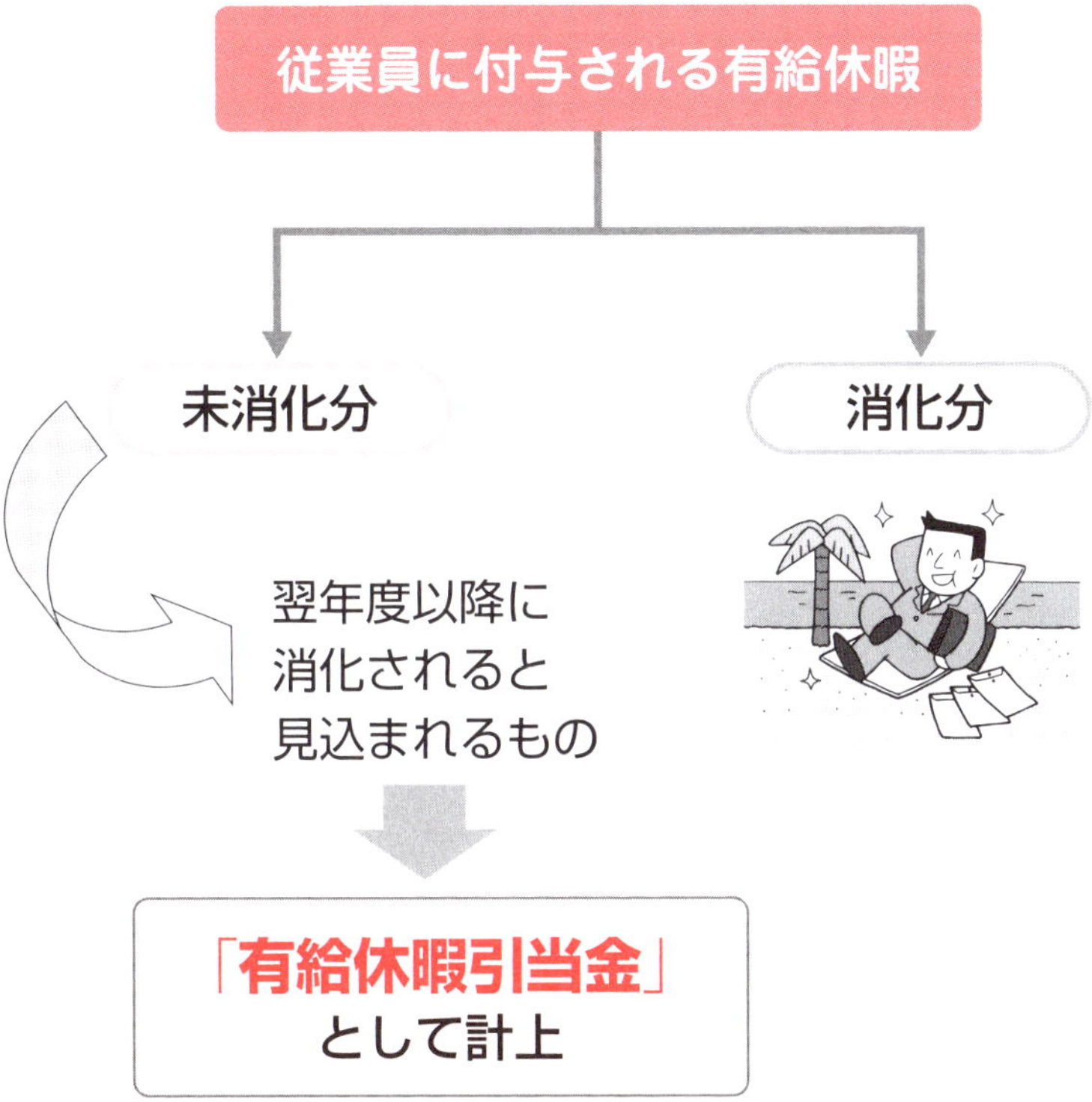

注意!

ただし、有給休暇引当金を計上できる有給休暇は、有給休暇が付与された年度の翌年度以降に繰り越すことができるもの（「累積型」）にかぎられることに注意！

入時に有給休暇引当金を新たに計上することが必要になります。

ＩＦＲＳが繰り越し可能な有給休暇について有給休暇引当金の計上を求めるのは、有給休暇の権利は労働の対価として従業員に付与され、その未消化分は従業員の権利行使により将来消費される可能性があるからです。

だとすれば、将来の有給休暇の権利行使によって負担することが予想される金額は、債務（有給休暇引当金）として計上する必要があるのです。

有給休暇のデータを入手する必要がある

有給休暇引当金を計上するためには、有給休暇１日あたりの平均日給や予想される有給休暇の平均消化率の算出、未消化の累積《るいせき》有給休暇の日数などを把握する必要があります。

これらの数値を算出するには、給与規程、人事部が管理する従業員別の有給休暇に関する基礎データなどを入手する必要があります。

したがって、ＩＦＲＳ導入後の決算作業をスムーズに進めるためには、事前にそのような基礎データを取り扱う人事部との調整を図っておく必要があるでしょう。

このように、ＩＦＲＳを導入して有給休暇引当金を計上する場合には、単に会計処理面だけでなく、他の業務に与える影響についても勘案《かんあん》する必要があります。

有給休暇引当金のイメージ

▶X2年３月末に計上すべき有給休暇引当金の計算

例 従業員Ａさんの場合

- Ａさんの毎月の給与は40万円
- Ａさんの毎月の勤務日数は20日間
- Ａさんは、これまで付与された有給休暇は平均して75%を消化している

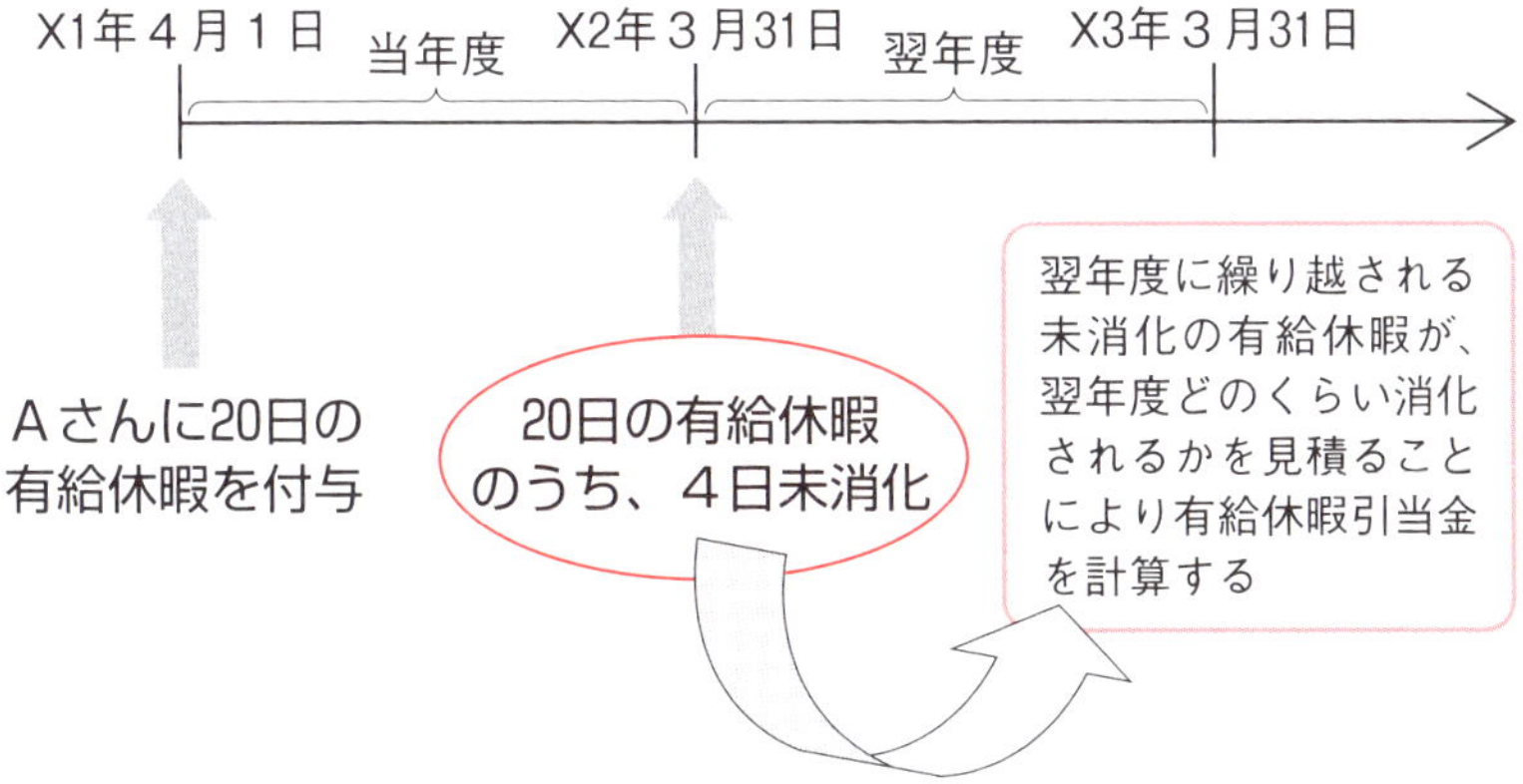

X1年４月１日
当年度
X2年３月31日
翌年度
X3年３月31日
Ａさんに20日の有給休暇を付与
20日の有給休暇のうち、４日未消化
翌年度に繰り越される未消化の有給休暇が、翌年度どのくらい消化されるかを見積ることにより有給休暇引当金を計算する

Ａさんの有給休暇引当金

① 未消化分のうち翌年度に消化される日数の見積り

４日（未消化分）×75%（平均消化率）＝３日

② X2年３月末における有給休暇引当金

３日（翌年度に消化されると見込まれる有給休暇）×｛40万円÷20日（１日当たり給与）｝＝６万円

11 有価証券の分類と評価がＩＦＲＳによって大きく変わる

■ＩＦＲＳも日本基準も「保有目的」で分類される

株式や社債《しゃさい》などの有価証券を保有する企業にとっては、ＩＦＲＳの導入により「**有価証券の評価がどう変わるか**」は大きな関心事のひとつといえます。

ＩＦＲＳも日本基準も、有価証券をいくつかの保有目的ごとに分類し、その分類ごとに評価方法を規定している点で共通しています。

そこで、有価証券の具体的な評価方法を説明する前に、まず両基準がどのように有価証券を分類しているのかについて見ておきましょう。

■ＩＦＲＳは金融商品全般を分類している

現行の日本基準は有価証券を大きく、ⓐ**売買目的有価証券**《ばいばいもくてきゆうかしょうけん》、ⓑ**満期保有目的債券**《まんきほゆうもくてきさいけん》、ⓒ**その他有価証券**《たゆうかしょうけん》の３つのカテゴリーに分類しています。

■ 有価証券のおもな分類

▶日本基準、IFRSともに保有目的ごとに分類

IFRS	日本基準
❶損益を通じて公正価値で測定される金融資産	ⓐ売買目的有価証券
❷満期保有投資	ⓑ満期保有目的債券
❸売却可能金融資産	ⓒその他有価証券

このうち、ⓐはいわゆるトレーディング目的で保有する有価証券のことで、ⓑは満期《まんき》まで所有する意図で保有する社債などの債券、ⓒはⓐ、ⓑおよび子会社株式や関連会社株式を除いた有価証券です。

一方、IFRSでは、株式や社債などの有価証券は、**❶損益を通じて公正価値（時価）で測定される金融資産**、**❷満期保有投資**、**❸売却《ばいきゃく》可能金融資産**というカテゴリーに分類されます。

このうち❶は、トレーディング目的で保有する有価証券などが該当します。日本基準におけるⓐ「売買目的有価証券」も、IFRSのもとではおおむね同カテゴリーに対応します。

❷「満期保有投資」は、満期を有する金融資産のうち、満期到来時に決済《けっさい》可能、

または支払金額が固定されているもので、保有企業が満期まで保有する意思と能力を有するものと定義されています。日本基準におけるⓑ「満期保有目的債券」は、IFRSのもとでは（すべてではありませんが）、このカテゴリーに対応します。

最後に、③「売却可能金融資産」に属する有価証券は、①、②以外の有価証券で、日本基準におけるⓒ「その他有価証券」は、IFRSのもとではおおむねこのカテゴリーに対応することになります。

ただし、ここで紹介した**日本基準における有価証券の分類とIFRSにおける分類の対応関係は、必ずしも厳密な意味での1対1対応ではありません**。

そもそもIFRSにおける分類は、日本基準のように有価証券に限定したものではなく、金融商品全般を分類したものだからです。

したがって、たとえば日本基準で「満期保有目的債券」に分類されない金融商品であっても、IFRSにおける「満期保有投資」に分類される場合もありえることに留意が必要です。

■満期保有投資は「償却《しょうきゃく》原価《げんか》法《ほう》」で評価される

前述の分類にもとづく各有価証券は、それぞれどのように評価されるのでしょうか。

日本基準のⓐ売買目的有価証券は時価評価を行い、時価変動分は損益として計上さ

有価証券の分類の対応関係

IFRS上の分類		対応する日本基準上の分類
① 損益を通じて公正価値で測定される金融資産	←	ⓐ 売買目的有価証券
② 満期保有投資	←	ⓑ 満期保有目的債券
③ 売却可能金融資産	←	ⓒ その他有価証券

① 損益を通じて公正価値で測定される金融資産
- 売買目的保有に分類（トレーディング目的など）

② 満期保有投資
- 企業が満期まで保有する積極的意思と能力があること
- 支払を固定または決定しうるもの

③ 売却可能金融資産
- ①、②以外の有価証券

（注） 上記の対応関係は厳密な意味での１対１対応ではないことに注意

れます。

これに対応するＩＦＲＳの❶「損益を通じて公正価値で測定される金融資産」も公正価値（時価）により評価を行い、公正価値の変動分は損益として計上されます。

日本基準のⓑ満期保有目的債券は、原則として取得原価により評価されます。ただし、債券を額面金額より高い、あるいは低い価額で取得する場合に、取得原価と額面金額との差額が金利調整分と認められるときには「**償却原価法**」と呼ばれる方法により評価します。

これに対応するＩＦＲＳの❷**満期保有投資は、つねに償却原価法で評価されます。**したがって、ⓑ満期保有目的債券に分類された有価証券を取得原価で評価していた場合、ＩＦＲＳ導入時にこれを満期保有投資とする場合には、償却原価法によりあらためて評価することが必要です。

日本基準のⓒその他有価証券およびＩＦＲＳの❸売却可能金融資産は、ともに公正価値（時価）により評価されます。

有価証券の評価の違い

日本基準	評価方法	評価差額
ⓐ売買目的有価証券	時価	損益
ⓑ満期保有目的債券	取得原価 （または 償却原価法）(注1)	―
ⓒその他有価証券	時価	原則として純資産直入(注2)

IFRS	評価方法	評価差額
①損益を通じて公正価値で測定される金融資産	公正価値 （時価）	損益
②満期保有投資	実効金利法(注1)	―
③売却可能金融資産	公正価値 （時価）	「その他包括利益」に計上

（注 1）償却原価法には、①定額法と②実効金利法の 2 種類の方法がある。このうち、日本基準では償却原価法として①、②ともに認められているが、IFRSでは②しか認められていない。

（注 2）その他有価証券の評価差額は、資本の部に計上することが原則（全部純資産直入法）。しかし、日本基準はこのほかに、評価差額のうち差益分を資本の部に計上し、差損分を損失として計上する方法（部分純資産直入法）も認めている。

12 有価証券の減損は「客観的な証拠」にもとづいて判断する

■著しい下落、長期間の下落は「客観的証拠」となる

有価証券の減損《げんそん》についても、日本基準とＩＦＲＳの間に相違があります。

日本基準では、市場価格のあるその他有価証券や満期保有目的債券の時価が著しく下落したとき、回復する見込みがあると認められる場合を除き、時価をもって帳簿価額とし、評価差額は当期の損失として処理しなければなりません。

一方、ＩＦＲＳは満期保有目的投資や売却可能金融資産について、日本基準のように「時価が著しく下落しているか」ではなく、**「減損の客観的証拠が存在するか否か」にもとづいて有価証券の減損処理の要否を判断します**。

「**減損の客観的な証拠**」とは何でしょうか。

ＩＦＲＳは、社債などの債券の場合、有価証券の発行体の深刻な財政難など、信用劣化の兆候を示す事項をその証拠として例示しています。

■ 有価証券の減損における違い

日本基準	減損処理の可否
売買目的有価証券	減損処理は不要
満期保有目的債券	減損処理が必要
その他有価証券	減損処理が必要

IFRS	減損処理の可否
損益を通じて公正価値で測定される金融資産	減損処理は不要
満期保有投資	減損処理が必要
売却可能金融資産	減損処理が必要

▶減損の判定

日本基準

① 時価の著しい下落

② 時価の回復可能性がない

↓

帳簿価額と公正価値(時価)の差額を損失計上

IFRS

減損が生じている「客観的な証拠」がある場合に減損処理

(時価の回復可能性は問題とならない)

【減損の客観的な証拠】

1. 有価証券の発行体の深刻な財政難などの信用劣化を示す事象
2. 株式については、以下も減損の客観的な証拠になる
   ①公正価値(時価)の著しい下落
   または
   ②長期にわたる公正価値(時価)の下落

一方、株式の場合には、このような信用劣化の兆候を示す事項に加え、取得原価に対して、**①公正価値（時価）が著しく下落したり、または②公正価値（時価）が長期にわたり下落している場合には減損の客観的な証拠となります。**

すなわち、「著しい」とはいえない下落であっても、長期間続けば減損の客観的証拠となります。

また、減損の客観的な証拠がある場合には、減損の判断にあたっては日本基準のように時価の回復可能性は考慮されない点にも留意が必要です。

なお、日本基準の「売買目的有価証券」、ＩＦＲＳの「損益を通じて公正価値（時価）で測定される金融資産」は、公正価値（時価）による評価が行われるので減損処理は不要です。

■非《ひ》上場《じょうじょう》株式の減損の仕方はどうなる？

ここまで説明してきた有価証券の減損は、市場価格がない非上場株式については、どのように取り扱われるのでしょうか。

日本基準では、非上場株式については株式の実質価額が取得原価よりも著しく下落している場合のみ、実質価額が取得原価まで回復する可能性がある場合を除き、その実質価額まで減損処理を行わなければなりません。

非上場株式の減損

日本基準

（＊1）実質価額
株式発行企業の１株あたり純資産 × 保有株式数

- 実質価額（＊1）の著しい下落
- 実質価額の回復可能性が低い

↓

株式の帳簿価額を実質価額まで減損

IFRS

- 減損が生じている「客観的な証拠」が存在

↓

原則として、株式の帳簿価額を公正価値まで減損

ここでいう「実質価額」とは、その株式を発行している会社の1株あたり純資産に株式数を乗じたものです。

一方、ＩＦＲＳでは、非上場株式についても原則として公正価値による評価を行う必要があります。

したがって、減損に際しては前述の減損の考え方が適用されるので、**公正価値まで帳簿価額を切り下げる必要があります。**

13

２０１３年適用の「ＩＦＲＳ９号」で有価証券の分類と評価が変わる

■「償却原価による区分」と「公正価値による区分」に集約

ＩＦＲＳは、有価証券に関する一連の会計処理について、有価証券やデリバティブ取引なども含んだ金融商品に関する会計基準（ＩＡＳ39号）で規定してきましたが、ＩＡＳＢは、２００９年11月にＩＡＳ39号の一部を新たに改訂・公表しました（**ＩＦＲＳ９号**）。

ＩＦＲＳ９号は、２０１３年１月１日以降に強制適用されるので、これからＩＦＲＳ導入を検討する企業にとっては留意すべき基準といえます。

ＩＦＲＳ９号は、有価証券にかぎっていえば、有価証券の分類とその測定に影響すると考えられます。

これまでの説明では、ＩＦＲＳにおける有価証券の区分は、保有目的に応じて３つに分けられていました（損益を通じて公正価値で測定される金融資産、満期保有投資、

IFRS９号にもとづく有価証券の分類

現行基準（IAS39号）による分類

- 損益を通じて公正価値で測定される金融資産
- 満期保有投資
- 売却可能金融資産

⇒保有目的ごとの分類

改訂基準（IFRS９号）による分類

- 償却原価により測定される区分
- 公正価値により測定される区分

有価証券の分類が従来より簡素化

売却可能金融資産）。

しかし、IFRS９号によれば、このような保有目的による区分はなくなり、**①償却原価による区分**と、**②公正価値（時価）による区分**に集約され、簡素化されます。

したがって、IFRS９号の適用により、現行のIFRSにおける満期保有投資や売却可能金融資産といった区分は廃止されることになります。

すべての株式は公正価値で評価

有価証券の分類が保有目的ごとの３区分から、償却原価および公正価値（時価）で測定されるものの２区分に変更になった場合、その測定は次のようになります。

すなわち、株式をトレーディング目的

ワンポイント知識

2009年11月に公表されたIFRS９号は、金融商品に関する会計基準のうち、有価証券などの金融資産の分類、測定に関する規定が最終化されたもの。その他の金融商品に関する基準についても今後、順次改訂・公表予定である。

で保有している場合は、現行のＩＦＲＳと同様に、公正価値（時価）により測定し、その変動はつねに損益に反映されることになります。

それ以外の株式についても同様に、公正価値（時価）による測定が求められますが、この場合には公正価値（時価）の変動を、**①損益として計上する方法**と、**②その他包括利益に計上する方法**のいずれかを企業は選択することができます。

そして、公正価値（時価）により評価される有価証券については、これまでのような減損処理は不要になります。


これらの処理は非上場株式のような市場価格のない有価証券も例外ではなく、**すべての株式は公正価値（時価）により評価する**ことに留意が必要です。

これまでの日本基準によれば、市場価格のない有価証券については、実質価額による減損処理を除けば、取得原価による評価がなされ、時価評価は行われませんでした。

したがって、新しいＩＦＲＳ９号に基づいて会計処理を行う企業は、これらの有価証券の公正価値（時価）をどのように評価するかが検討課題になるでしょう。

IFRS９号にもとづく有価証券の評価

現行IFRS（IAS39号）

IAS39号	評価方法	評価差額
損益を通じて公正価値で測定される金融資産	公正価値（時価）	損益
満期保有投資	償却原価法	－
売却可能金融資産	公正価値（時価）	「その他包括利益」に計上

改訂IFRS（IFRS9号）

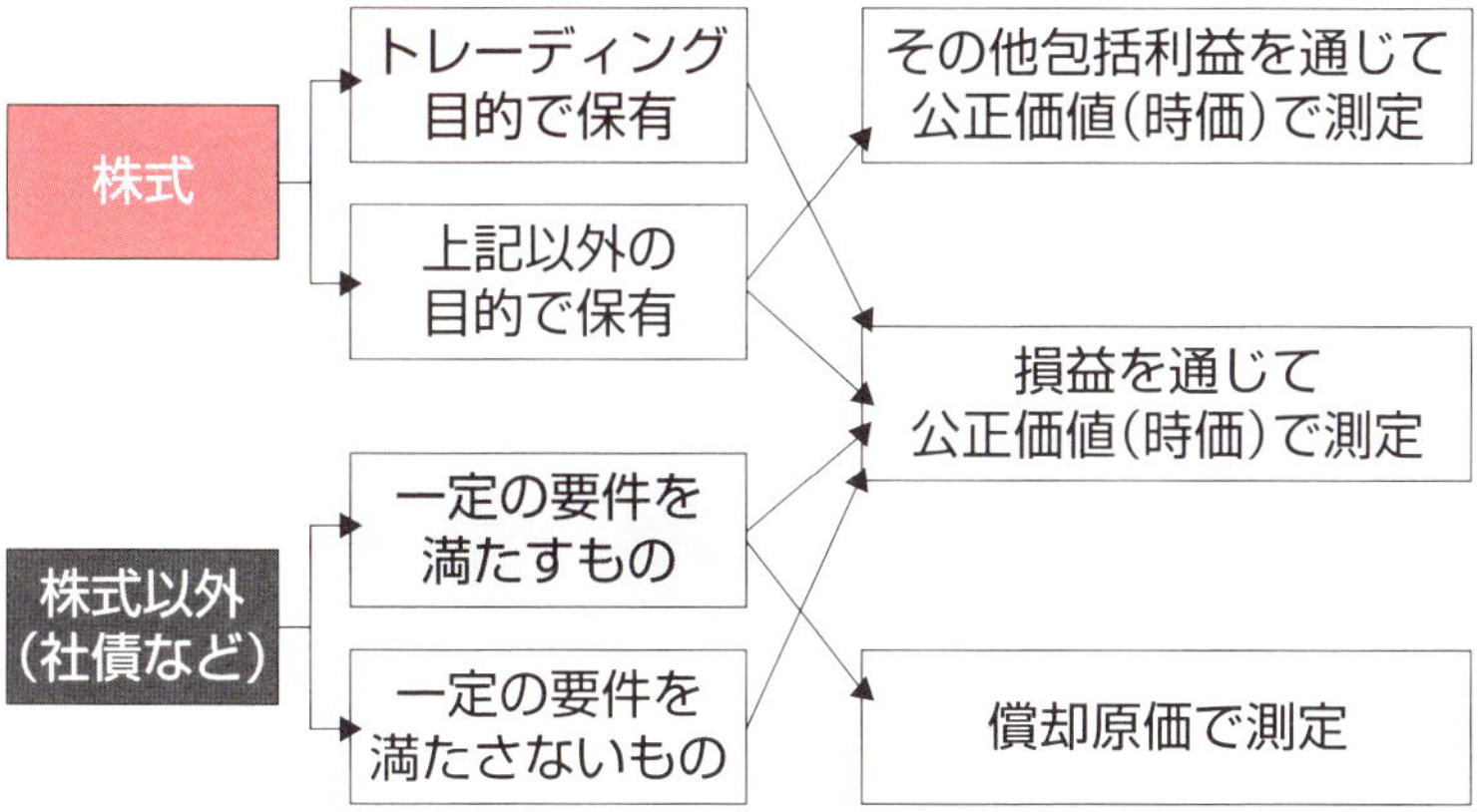

ワンポイント知識

社債などの有価証券は、一定の要件を満たせば償却原価で測定され、それ以外は損益を通じて公正価値で測定される。ただし、償却原価で測定するものとして分類されるものであっても、損益を通じて公正価値にて測定することを選択することもできる。

14 貸倒引当金の見積りの方法が変わる

■日本基準では3つの区分ごとに引当金の設定方法が異なる

一般に**貸倒引当金《かしだおれひきあてきん》**とは、売掛金《うりかけきん》や貸付金《かしつけきん》などの債権の将来の貸倒れに備えて計上される一定の見積額のことです。

貸倒引当金も、IFRSの導入時に留意しなければならないポイントのひとつです。

日本の会計基準では、債務者《さいむしゃ》の財政状態および経営成績などに応じて、債権を「**一般債権**」「**貸倒懸念《けねん》債権**」「**破産更生債権等《はさんこうせいさいけんとう》**」の3つに区分し、個々の区分ごとに貸倒引当金の設定方法を規定しています。

このうち、「一般債権」については、債権全体または同種・同類の債権ごとに貸倒引当金を算定します。その際、債権の状況に応じて求めた過去の貸倒実績率などの合理的な基準により貸倒額を見積り、この見積高《みつもりだか》をもって貸倒引当金とします。

ワンポイント知識

「一般債権」とは、経営状態に重大な問題が生じていない債務者（貸付先など）に対する債権のことで、「貸倒懸念債権」や「破産更生債権等」以外の債権。「貸倒懸念債権」とは、経営破綻には陥っていないが、弁済が１年以上延滞しているなど債務の弁済に重大な問題が生じている、あるいはその可能性の高い債権。「破産更生債権等」とは、経営破綻または実質的に破綻している債務者に対する債権のこと。

■ 貸倒引当金の日本基準における取扱い

債権

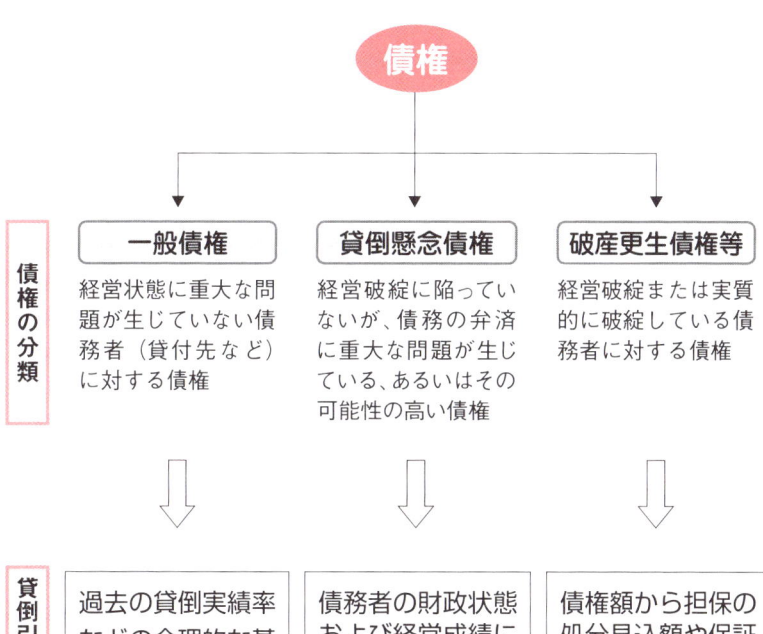

	一般債権	貸倒懸念債権	破産更生債権等
債権の分類	経営状態に重大な問題が生じていない債務者（貸付先など）に対する債権	経営破綻に陥っていないが、債務の弁済に重大な問題が生じている、あるいはその可能性の高い債権	経営破綻または実質的に破綻している債務者に対する債権
貸倒引当金の評価方法	過去の貸倒実績率などの合理的な基準を用いて、債権全体または同種・同類の債権ごとに評価	債務者の財政状態および経営成績にもとづいて評価（財務内容評価法）	債権額から担保の処分見込額や保証による回収見込額を減額した残額で評価

「貸倒懸念債権」は、貸付先などの債務者の財政状態および経営成績にもとづいて貸倒引当金を算定する（財務内容評価法）などし、「破産更生債権等」については、債権額から担保《たんぽ》の処分見込額や保証による回収見込額を減額した残額を貸倒引当金として設定します。

債権を重要度により分ける

一方、ＩＦＲＳでは、日本基準のような債権分類（一般債権、貸倒懸念債権、破産更生債権等）ごとに貸倒引当金の算定方法を示すようなアプローチはとっていません。

その代わり、**債権を個別に「重要なもの」と「重要でないもの」に分け、重要なものについては減損（つまり貸倒れ）の客観的な証拠があるか否かを判断し、個別に貸倒引当金の評価を行います**。

ＩＦＲＳは、**「減損の客観的な証拠」**として次ページ下図のような兆候を例に挙げています。

債務者の延滞や財務内容の悪化など債務者に起因する事象だけではなく、デフォルト（債務不履行《ふりこう》）と因果関係のあるマクロ経済情勢も客観的な証拠として含まれるのが特徴です。

さらに、客観的な証拠の有無の判定は、重要な債権ごとに個別に行わなければなら

■ 貸倒引当金のIFRSにおける取扱い①

評価の流れ

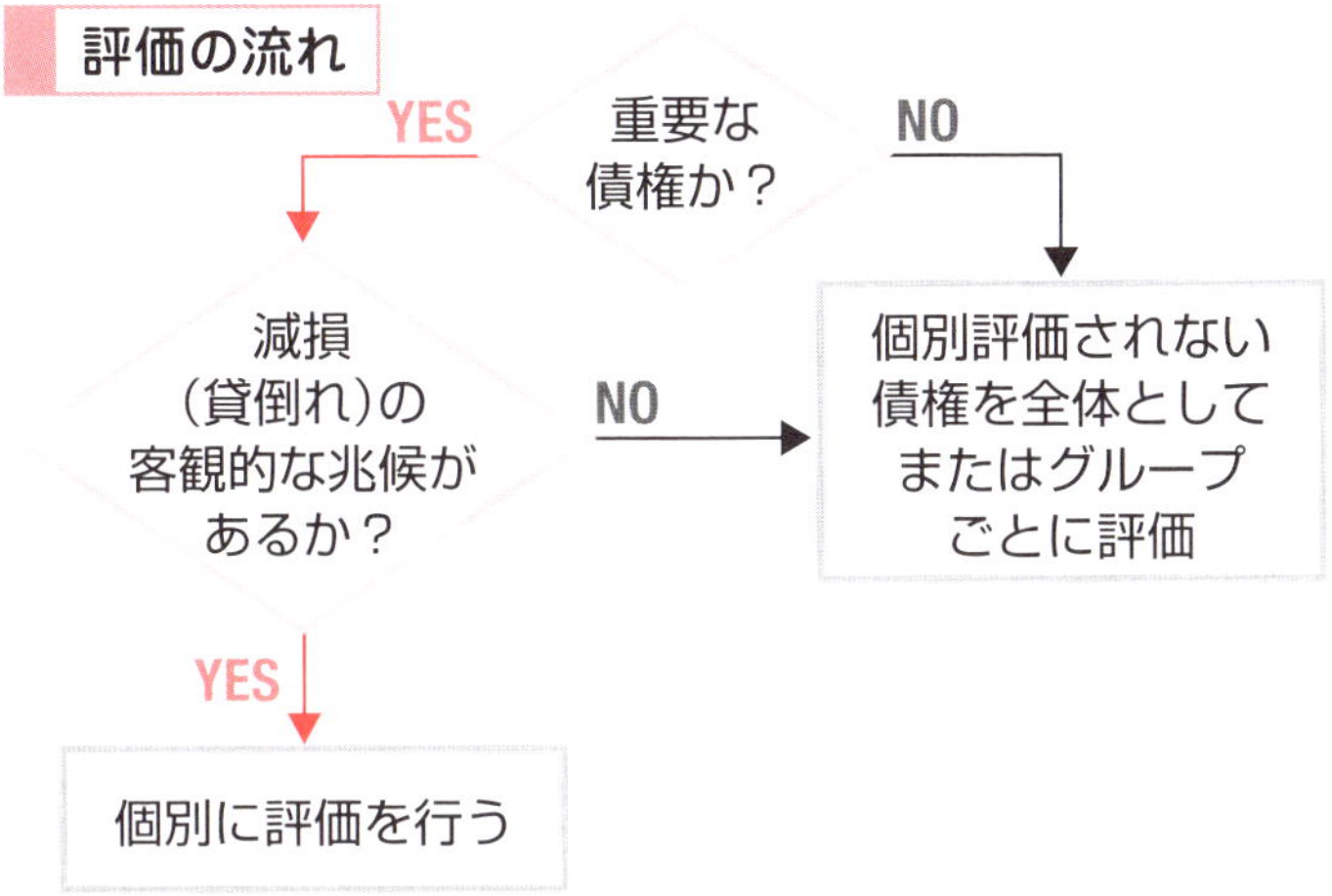
重要な債権か？
YES
NO
減損（貸倒れ）の客観的な兆候があるか？
NO
個別評価されない債権を全体としてまたはグループごとに評価
YES
個別に評価を行う

IFRS では、日本基準にあるような債権分類（一般債権、貸倒懸念債権、破産更生債権等）は存在しない

減損（貸倒れ）の兆候（客観的な証拠）

- 債務者の深刻な財政難
- 元利のデフォルト延滞などの契約違反
- 破産、その他財政再建が必要になる可能性の増大
- 債権グループ内の債務者の返済状況の悪化
- グループ内資産のデフォルトと相関関係にある国全体、または地域経済情勢の悪化（失業率の上昇、不動産担保価値の下落、業界の景気悪化など）

ないのも重要な特徴のひとつです。

その半面、減損の客観的な兆候がないと判断される個別の債権については、重要度に関係なく、これらを同程度の信用リスクごとにグルーピングして集団的に貸倒引当金の評価を行います。

このようなグルーピングは、具体的には、債務者の契約条件に従って債権金額全額を支払う能力を基準にするほか、資産の種類、担保の種類、延滞状況なども加味して行うことができます。

■「財務内容評価法」は認められなくなる

ＩＦＲＳは、これらの債権に対してどのように貸倒引当金を算定することを要求しているのでしょうか。

まず、減損の客観的な証拠が存在する重要な個別債権については、**①債権の帳簿価額**と、**②その債権の将来の回収《かいしゅう》見積額《みつもりがく》（見積将来キャッシュ・フロー）**の**割引現在《わりびきげんざい》価値《かち》の差額**を貸倒引当金として見積る必要があります。

したがって、ＩＦＲＳが導入されれば、**日本基準における貸倒懸念債権において認められていた**「**財務内容評価法**」**は原則的には認められない**ことに留意が必要です。

債権を同程度の信用リスクごとにグルーピングして集団的に評価する場合において

貸倒引当金のIFRSにおける取扱い②

貸倒引当金（減損）の評価

▶債権を個別的に評価する場合

> 貸倒引当金＝
> 帳簿価額－債権の将来の回収見積額の割引現在価値

▶個別的に評価しない債権を全体、またはグループごとに評価する場合

●原則

> 貸倒引当金＝
> 帳簿価額－債権の将来の回収見積額の割引現在価値

も、債権の帳簿価額と見積将来キャッシュ・フローの現在価値の差額を貸倒引当金として算定するのが原則です。

その際に見積る将来キャッシュ・フロー（将来の回収見積額）は、グルーピングされた資産と類似する資産の過去の貸倒実績にもとづき、現在の債権の状況を加味したうえで見積ることになります。

15 実質支配している子会社は原則としてすべて連結の対象となる

■連結財務諸表は「連結の範囲」が問題になる

連結財務諸表は、親会社を含む企業グループの財政状態や経営成績を表示することを目的とする財務諸表です。

連結財務諸表は、親会社および子会社の財務諸表を合算して、必要な調整を加えることにより作成されますが、その際に「子会社をどこまで含めるべきか」、つまり**連結の範囲**が問題になります。

とくに、数多くの子会社をもつ企業にとっては、連結の範囲によって利益や総資産などに影響がおよぶ可能性があるため、とても重要なポイントになります。

■両基準とも「実質支配の有無」がポイント

ＩＦＲＳや日本基準では、連結の範囲をどのように規定しているのでしょうか。

連結に含めるべき会社の範囲

「支配」を有するすべての会社を連結に含めるのが
IFRSの基本スタンス

	IFRS	日本基準
連結の範囲	支配力の概念による。 「支配力」がある場合とは？ ➡親会社が、その活動の結果もたらされる便益を享受することを目的として、「財務、経営方針を左右する力」を有する場合	支配力の概念にもとづく。 「支配力」がある場合とは？ ➡他の会社の意思決定機関（株主総会、取締役会など）を支配している場合

日本基準もIFRSも同じ

▶ **親会社により実質支配されている会社は、「子会社」として連結の範囲に含めることが原則**

- 議決権の50％超を保有する会社は子会社として連結の範囲に含まれる
- 議決権の保有割合が50％以下であっても支配力を有していれば、その会社を子会社として連結の範囲に含めなければならないもちろん、両基準ともに議決権《ぎけつけん》の50％超を保有している場合は、その企業を子会社として連結の範囲に含めなければなりません。

しかし、議決権の50％超を保有していなくても、その企業の意思決定機関を支配していれば他の企業の財務および経営方針を左右する力をもつことになります。

両基準のもとでは、このような**実質支配が存在する場合にも、その企業を子会社として連結の範囲に含めなければなりません**。たとえば、親会社から取締役会の構成員の過半数を送り込まれているような会社の場合などが該当します。

このように、「実質支配」の有無にもとづいて連結の範囲を決定するという意味では、ＩＦＲＳも日本基準も基本的な考え方はおおむね同じであるといえます。

■ＩＦＲＳの「連結の範囲」には例外がない

このように、両基準は連結の範囲に関する基本的な考え方は同じですが、一方では大きな差異も存在します。

それは、連結の範囲の決定に際しての例外規定の有無です。ＩＦＲＳを導入する場合には、日本基準の場合に比べて連結の範囲が変化する可能性があります。

現行の日本基準は、実質的に支配している子会社を原則として連結の範囲に含めるものとしています。

連結に含める子会社の範囲（例外の有無）

	IFRS	日本基準
連結の範囲（例外）	実質支配を有するすべての会社を連結することが原則である	以下に該当する会社を連結の範囲から除くことができる ▶財務・営業または事業方針を決定する機関（意思決定機関）に対する支配が一時的と認められる子会社 ▶利害関係者の判断を著しく誤らせると認められる子会社

IFRSには、日本基準のような例外はない

- IFRSでは、支配力を有していれば、支配が一時的であってもその会社を子会社として連結の範囲に含めるのが原則
- 企業グループ内での他の企業の事業活動とは異なる事業活動を行っているという理由で、連結から除外することもできない

しかし、一方で例外規定を設けており、①意思決定機関に対する支配が一時的であると認められる子会社、②連結の範囲に含めると利害関係者の判断を著しく誤《あやま》らせるおそれがある子会社などは、実質的に支配していても連結の範囲から除外することができます。

これに対して、ＩＦＲＳの場合には日本基準で定めているような例外規定はなく、**支配している子会社はすべて連結の範囲に含めることが原則**として求められます。

したがって、ＩＦＲＳの導入にあたっては、日本基準における連結の範囲からの除外は認められず、実質的に支配している会社はすべて連結の範囲に含めることが原則となることに留意が必要です。

16 「のれん」の償却は行わないが、毎期の減損テストが必要になる

■のれんは企業買収によって計上される会計項目

「**のれん**」は、企業がM＆Aなどの企業買収を行った場合において計上される会計上の項目のことで、現行の日本基準とＩＦＲＳのいずれのケースにおいても計上される場合があります。

たとえば、ある企業が買収ターゲット企業の株式を１００％取得する場合を考えてみましょう。日本基準、ＩＦＲＳともに、ターゲット企業の資産・負債を取得日現在の公正価値（時価）により原則として評価して、取得企業の資産・負債として受け入れる会計処理が必要になります。

その際、**受け入れた資産と負債の差額の合計**（受入純資産合計《うけいれじゅんしさんごうけい》）**と買収価額の差額が「のれん」**であり、一般には被買収企業《ひばいしゅうきぎょう》のもつ「超過収益力《ちょうかしゅうえきりょく》」をあらわすといわれています。

「のれん」の考え方

買収ターゲット企業の貸借対照表（財政状態計算書）

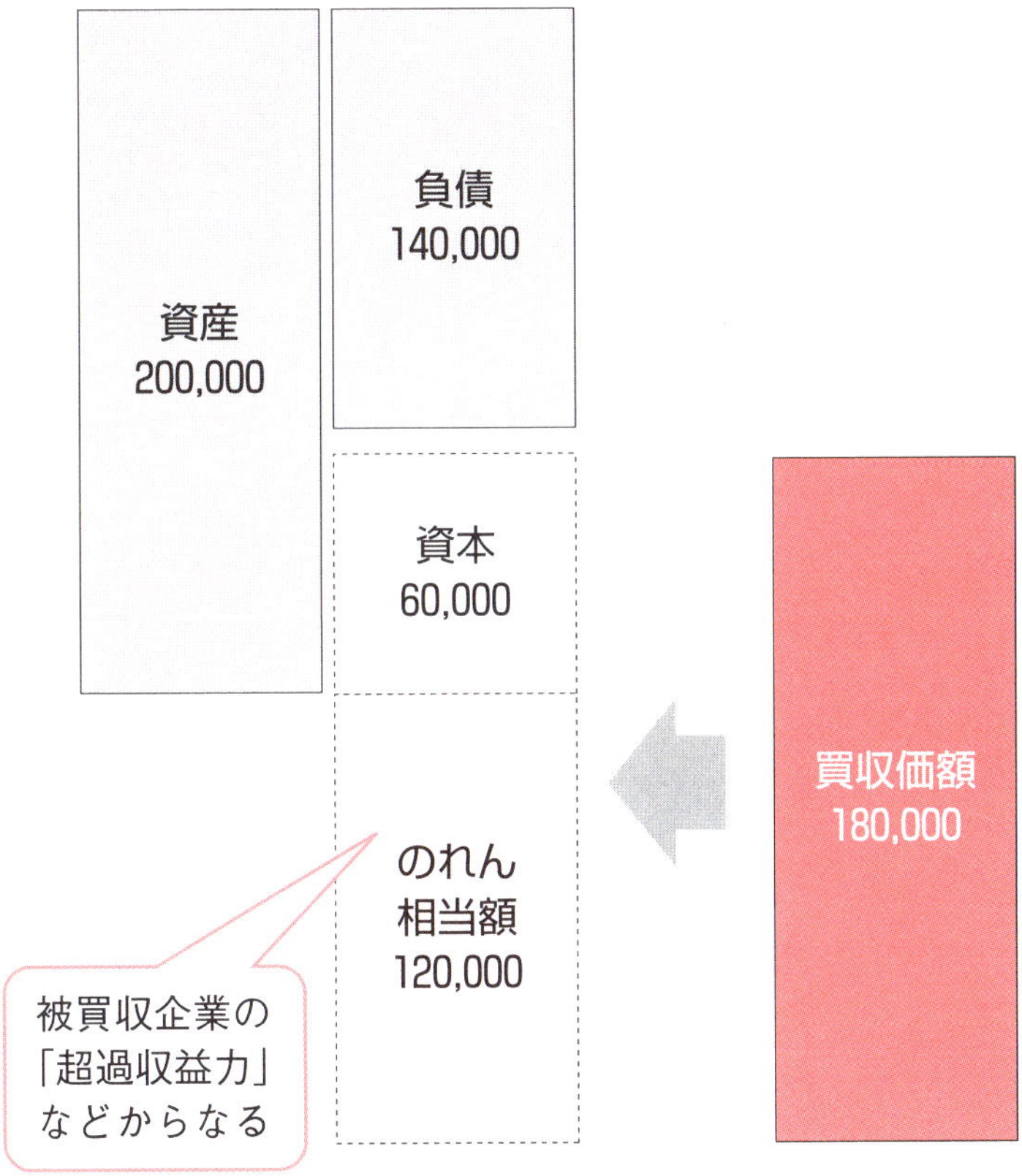

日本基準では20年以内の償却《しょうきゃく》が必要

このように、のれんの計上に関する考え方は日本基準とＩＦＲＳとの間に大きな違いはありませんが、のれんを計上したあとの会計処理に関しては大きな差異があります。

つまり、「のれんを償却すべきか否か」についての問題です。

具体的には、**日本基準のもとでは、のれんは原則として20年以内で償却しなければならないのに対して、ＩＦＲＳでは償却処理は行いません。**

その代わり、毎期、のれんに減損が生じているかどうかのテストを行い、減損が生じていれば当該部分を損失として処理しなければなりません。

償却は不要でも決算処理は煩雑《はんざつ》になる

ＩＦＲＳの導入により、のれんの償却が不要になれば、毎期の償却費負担がなくなるので、償却処理する場合と比べて企業結合後の会計上の利益が大きくなる利点があります。

しかし、のれんが償却不要となっても減損テストは毎期行わなければならないので、償却処理の場合に比べて実務上の決算処理は煩雑になることが考えられます。

「のれん」に関するおもな留意点

のれんの償却

注意！

IFRSでは、のれんの償却は行われない。

このため、のれんを計上している会社は、現行の日本基準に比べて毎期の償却費負担がなくなるため、（減損が行われなければ）利益が押し上げられる効果がある。

減損リスク

注意！

IFRSでは、のれんは毎期、減損テストを実施する必要がある。

すなわち、買収ターゲット企業（または事業）が買収後に業績不振などに陥れば、のれんの減損が発生する可能性がある。

IFRSでは、のれんの償却が行われないぶん、いざ減損が実施される場合には、計上されるのれんの金額によっては多額の損失が発生する可能性がある。

したがって、M&Aなどにあたっては買収価額の評価は慎重に行う必要がある。

そのうえ、のれんが非償却だと、のれんの計上額は減損処理をしないかぎり計上額のまま据《す》え置かれることになります。

したがって、**将来その企業の収益力が低下した場合、減損処理によって現行の日本基準の場合よりも一度に多額の減損損失が計上される**可能性があります。

とりわけ、企業結合によって多額ののれんを計上する企業は、減損処理をすると企業の利益に与える影響は大きくなります。

したがって、ＩＦＲＳ導入によってののれんが償却不要となったとしても、企業結合に際しては、前述のような一連のリスクを十分に考慮して慎重に判断する必要があるでしょう。

第４章
IFRS導入を成功させよう

IFRSへのスムーズな移行を果たすためのポイントは何か？　初めてのIFRS適用を乗り切るためのポイントと、プロジェクトを成功させる秘訣を押さえておこう。

1 ＩＦＲＳを初めて適用する「初度適用」には４つのポイントがある

■「初度適用」の４ポイント

日本基準からＩＦＲＳへ移行する際、会計基準に差異がある場合には、新たな会計処理・表示方法を適用することがあります。

企業がＩＦＲＳを初めて適用し、新たな会計処理方法を適用する場合や新たな様式で財務諸表の開示を行う場合、どのように対応すればよいでしょうか。

ＩＦＲＳには、このような「初度適用」についての会計基準が規定されています。

初度適用のポイントは、大きく**❶原則規定**、**❷遡《そ》及《きゅう》免《めん》除《じょ》規定**、**❸遡《そ》及《きゅう》禁《きん》止《し》規定**、**❹財務諸表の表示**の４つに分類できます。

❶原則規定

ＩＦＲＳを初めて適用する場合、ＩＦＲＳの適用初年度にかぎらず、適用前の財務

初度適用の4つのポイント

① 原則規定

IFRS を初めて適用する場合、IFRS を初めて適用した会計年度にかぎらず、適用前の財務諸表についても、あたかも会社設立当初から IFRS に従った会計方針を適用していたかのように、各勘定科目などの数値の算定や変更が要求される場合がある。これを遡及適用という。

---

② 遡及免除規定

①のように会計方針の遡及適用が求められているが、実務上の負担などを考慮して、会計方針の遡及適用を免除しているものが16項目ある。

---

③ 遡及禁止規定

会計方針の遡及適用を求めることで、企業にとって都合の良い会計数値の操作が可能となる場合がある。会計方針の遡及適用を禁止しているものが４項目ある。

---

④ 財務諸表の表示

最初の IFRS 財務諸表においては、比較情報や IFRS への移行の影響に関する説明が要求される。

ワンポイント知識

遡及適用が必要なのは、あくまでも差のある項目のみであることに留意。

諸表についても、過去にさかのぼって各勘定科目などの数値の算定や変更が必要な場合があります。これを**遡《そ》及《きゅう》適用《てきよう》**といいます。

❷遡及免除規定

❶のように会計方針の遡及適用が求められていますが、実務上の負担などを考慮して、**会計方針の遡及適用を免除しているものが16項目あります**。

❸遡及禁止規定

会計方針の遡及適用を求めることで、企業にとって都合の良い会計数値の操作が可能となる場合があります。したがって、**会計方針の遡及適用を禁止しているものが4項目あります**。

❹財務諸表の表示

最初のＩＦＲＳ財務諸表においては、比較情報やＩＦＲＳへの移行の影響に関する説明が要求されます。

2 初度適用は過去にさかのぼる「遡及適用」が原則

■過去にさかのぼって再計算する必要がある

前項で述べたように、IFRSを初めて適用する場合、ＩＦＲＳの適用をはじめた会計年度にかぎらず、適用前の財務諸表についても、あたかも会社設立当初からＩＦＲＳに従った会計方針を適用していたかのように、各勘定科目などの数値の算定や変更が要求されます（遡及適用）。

たとえば、ＩＦＲＳの導入にともなって、有形固定資産の減価償却単位を見直した結果、償却単位を細かくして、それぞれを償却することが必要となったとします。

この場合、ＩＦＲＳ移行日から償却単位を細かくして償却するのではなく、有形固定資産の取得当初から償却単位を細かくして償却した場合と同じ結果となるように、過去にさかのぼって再計算する必要があります。

その結果を、最初のＩＦＲＳ財務諸表にも反映させるとともに、開始財政状態計算書（開始貸借対照表）に反映させることが求められています。

■遡及適用されるＩＦＲＳ基準は報告期間の期末日時点の基準

会計方針の遡及適用で考慮すべき事項は、**❶遡及適用されるＩＦＲＳの基準**、**❷初度適用の定義**の２つです。

❶遡及適用されるＩＦＲＳの基準

遡及適用されるＩＦＲＳの基準は、ＩＦＲＳ移行日時点の基準ではなく、最初のＩＦＲＳ報告期間の期末日時点における基準が適用されます。

したがって、ＩＦＲＳ移行日の2年先のＩＦＲＳの基準を念頭に置いて、ＩＦＲＳ開始財政状態計算書の作成が求められるということになります。

ＩＦＲＳ移行日に適用されているＩＦＲＳの基準のみならず、ＩＦＲＳに関する論点整理や公開草案《こうかいそうあん》などの内容にも気を配り、ＩＦＲＳの動向に注意する必要があります。

ワンポイント知識

「IFRS 移行日」とは、企業が初めてIFRS に準拠した財務諸表において、IFRS にもとづく完全な比較情報を表示する最初の期間の期首のことを指す。IFRS を初めて適用する企業は、IFRS 移行日時点の開始財政状態計算書（貸借対照表に相当）をIFRS に準拠して作成することが求められる。

■ 会計方針の遡及適用のイメージ

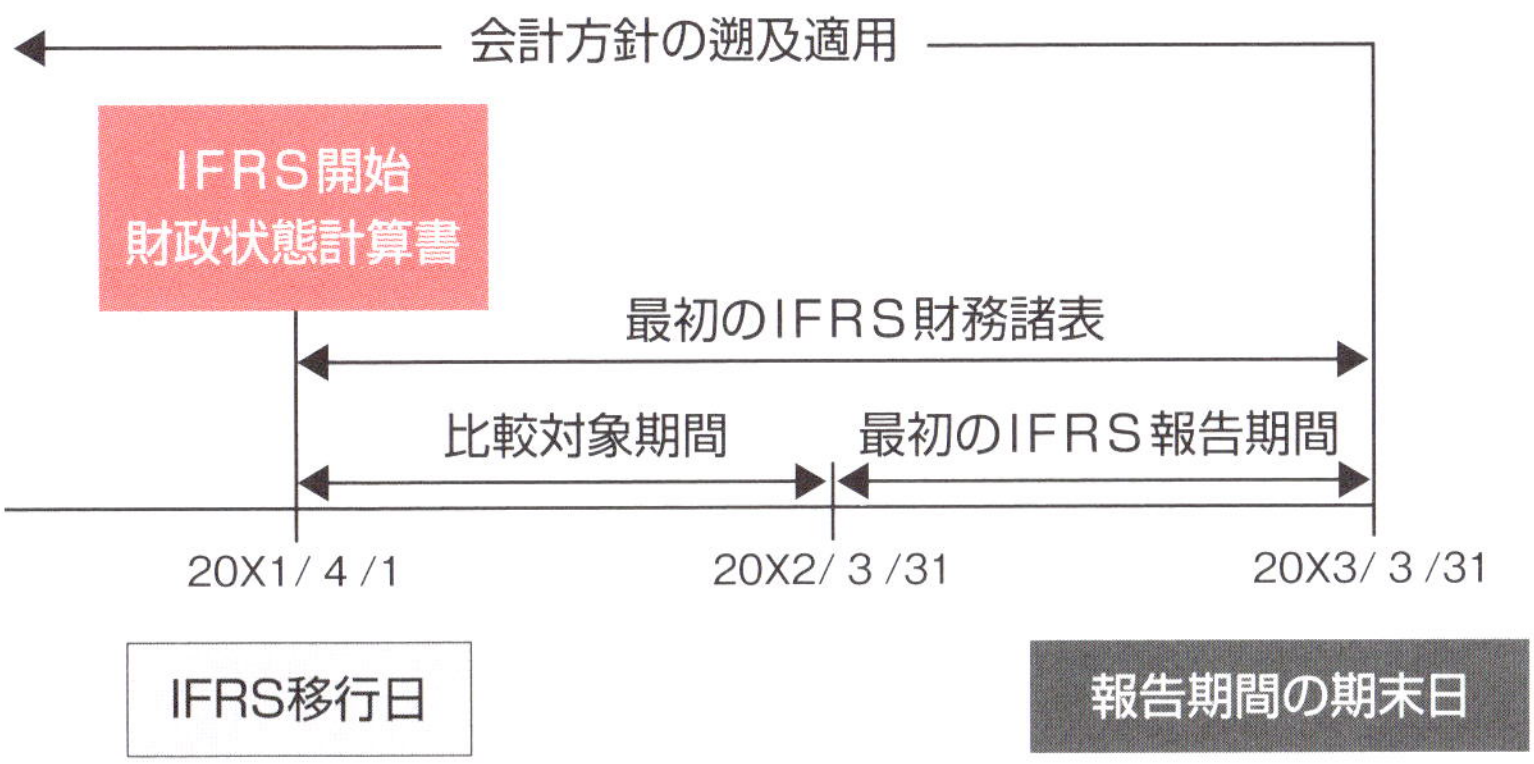

おもな用語の説明

- **IFRS 開始財政状態計算書**
  IFRS 移行日現在の財政状態計算書
- **最初の IFRS 財務諸表**
  企業が IFRS を、IFRS への準拠に関する明示的かつ無限定の記述により採用する最初の年次財務諸表
- **IFRS 移行日**
  企業が最初の IFRS 財務諸表において IFRS にもとづく完全な比較情報を表示する最初の期間の期首
- **報告期間の期末日**
  財務諸表の対象となっている最終の末日
- **最初の IFRS 報告期間**
  企業の最初の IFRS による報告期間の期末日に終了する報告期間

❷ 初度適用の定義

ＩＦＲＳの初度適用とは、企業が初めてＩＦＲＳを全面的に採用し、かつＩＦＲＳに準拠していることを財務諸表で明示的に示すことです。

たとえば、**内部報告目的などでＩＦＲＳの基準に従って財務諸表を作成していても、ＩＦＲＳを適用していたことにはなりません**。

外部に公表するなどの条件を満たしたときに、初度適用企業として、初度適用の手続きが必要となります（次ページ図参照）。

■ IFRS初度適用の定義

- IFRSと完全に合致《がっち》するわけではない「国内基準」にもとづいている場合
- IFRSと完全に合致しているが、財務諸表が、「IFRSに準拠している」という明示的かつ無限定の記述を含んでいない場合
- IFRSにもとづく財務諸表を作成していたが、内部利用目的にのみ利用しており、外部利用者には公表していない場合
- 親会社宛て財務諸表をIFRSベースで作成しているが、開示まで含めた完全な１組の財務諸表を作成していない場合

↓

IFRS財務諸表とはいえない

↓

「IFRSを全面的に採用する」などの条件を満たしたときに初度適用となる

3 遡及適用が原則だが、免除規定もある

■遡及免除規定を適用したほうが負担は軽くなる!?

ＩＦＲＳの初度適用では会計方針の遡及適用が原則です。しかし、ＩＦＲＳに準拠するための負担などを考慮し、ＩＦＲＳは特定の項目について**会計方針の遡及適用を免除しています**。現在、そのような項目は16項目あります。

そのような項目について、それぞれ遡及免除規定の適用の有無を決定できます（具体的な項目については、次ページ図参照）。

日本基準からＩＦＲＳへ移行する際に会計基準に差異があり、新たな会計方針・表示方法を適用する場合、まずは遡及免除規定の有無を確認することが重要です。

そして、遡及免除規定が存在する場合には、遡及適用を行うか、または遡及免除規定を適用するかについて、判断することが重要となります。

ワンポイント知識

IFRSが遡及適用免除を規定している16項目について、遡及免除規定を使用するかは会社の任意である。したがって、遡及免除規定を使用しない場合には、原則どおり遡及適用となる。

■ 遡及適用の免除規定

遡及適用の免除規定（16項目）

1. 企業結合
2. 株式報酬取引
3. 保険契約
4. みなし原価としての公正価値ないし再評価額の使用
5. リース
6. 従業員給付
7. 累積換算差額
8. 子会社、被共同支配企業および関連会社への投資
9. 子会社、関係会社およびジョイント・ベンチャーの資産および負債
10. 複合金融商品
11. 金融商品に対する従前の区分指定
12. 金融資産・負債の当初認識時の公正価値測定
13. 有形固定資産の取得原価に含められた廃棄負債
14. サービス譲与契約
15. 借入費用
16. 顧客からの資産の移転

一般的には、**遡及免除規定があるものについては、遡及免除規定を適用したほうがＩＦＲＳに準拠するための負担が軽くなる**と考えられます。

■「企業結合」は2つの処理方法から選ぶ

ここからは遡及免除規定のうち、重要な２つの項目について簡単に説明しましょう。

まずは、❶**企業結合**の遡及免除規定です。

企業結合の会計処理に遡及免除規定を適用する場合、ＩＦＲＳでは、以下の２つの処理のうち、いずれか１つを適用することが認められています。

①ＩＦＲＳ移行日より前のすべての企業結合に関し、ＩＦＲＳの企業結合の会計処理を遡及適用しない（ただし、この場合でもいくつもの修正処理が行われる場合があることに留意が必要です）。

②ＩＦＲＳ移行日より前の特定の日を定め、その日以降に行われた企業結合に関してのみＩＦＲＳの企業結合の会計処理を遡及適用する。

■「みなし原価」の使用が認められているケース

④ みなし原価としての公正価値ないし再評価額の使用も重要な遡及免除規定です。

原則として、有形固定資産、無形資産、投資不動産については、ＩＦＲＳに従った会計処理をその取得時より遡及適用する必要があります。

たとえば、有形固定資産の会計処理をＩＦＲＳに準拠して遡及適用するような場合、減価償却単位の決定や減価償却方法などを過去にさかのぼって会計処理をする必要があります。

しかし、実際に遡及適用しようとすると、実務的に相当な労力が必要になる場合もあると考えられます。そこでＩＦＲＳでは、**有形固定資産などの一定の資産について、「みなし原価」を使用することが認められています。**

すなわち、ＩＦＲＳ移行日時点の有形固定資産、無形資産、投資不動産の公正価値を測定し、その評価額をもってみなし原価とすることが認められています。

4 過去にさかのぼって適用できない「遡及禁止規定」は4つある

■都合の良い会計数値の操作を防ぐため

前述のとおり、企業がＩＦＲＳを初めて適用する場合には、遡及適用が原則となります。しかし、遡及適用を求めることで、企業にとって都合の良いように会計数値の操作が可能となる場合があります。

したがって、ＩＦＲＳでは、**会計方針の遡及適用を禁止しているものが４項目あります。**

❶見積り
❷金融資産および負債の認識の中止
❸ヘッジ会計
❹非支配株主持分《ひしはいかぶぬしもちぶん》に関する事項

■ 遡及適用の禁止規定

遡及適用の禁止規定（４項目）

1. 見積り
2. 金融資産および負債の認識の中止
3. ヘッジ会計
4. 非支配株主持分に関する事項

■「見積り」は遡及修正できない

ここでは、とくに重要な❶**見積り**の項目について簡単に説明します。

引当金など過去に行った会計上の見積りを、過去に遡及して変更することは禁止されています。

これは、過去に行った会計上の見積りについて原則どおりに遡及適用を認めると、企業にとってより有利な移行日時点の見積りを無制限に遡及適用してしまうおそれがあり、「後知恵」の利用につながりかねないからです。

そこで、**過去の見積りと、その後の結果が相違していても、遡及修正してはいけない**ことになっています。

5 適用初年度は「比較情報」と「影響に関する説明」が必要

■少なくとも1期分の比較情報が必要

１６４ページで述べたように、最初のＩＦＲＳ財務諸表においては、❶**比較情報**、❷**ＩＦＲＳへの移行の影響に関する説明**が要求されます。

❶比較情報

企業の最初のＩＦＲＳ財務諸表には、ＩＦＲＳにもとづいた少なくとも1期分の比較情報を含めなければなりません。

ＩＦＲＳでは、「財務諸表で報告されたすべての金額に関する前期との比較情報」および「当期の財務諸表を理解するうえで適切となる場合には、文章による説明的な比較情報」が要求されています。

最初のIFRS財務諸表で表示が求められるもの

❶ 比較情報

企業の最初のIFRS財務諸表には、IFRSにもとづいた少なくとも１期分の比較情報を含めなければならない。
「財務諸表で報告されたすべての金額に関する前期との比較情報」「当期の財務諸表を理解するうえで適切となる場合には、文章による説明的な比較情報」も必要。

❷ IFRSへの移行の影響に関する説明

初度適用企業は、従前のGAAPからIFRSへの移行が、財政状態、経営成績およびキャッシュ・フローにどのような影響を与えたかを説明しなければならない。

❷ IFRSへの移行の影響に関する説明

初度適用企業は、これまで適用してきた会計基準からIFRSへの移行が、財政状態、経営成績およびキャッシュ・フローにどのような影響を与えたかを説明しなければなりません。

このような開示をすれば、IFRSへの移行の影響と意味合いを利用者が理解しやすくなります。

説明の一部として要求される資本の調整表と当期包括利益の調整表の作成が、実務上、負担が大きいとされています。

キーワード：GAAP

GAAPとは、「Generally Accepted Accounting Principles」の略で、「一般的に公正妥当と認められる会計原則」を意味する。「ギャップ」などとも呼ばれる。

6

ＩＦＲＳ導入は企業の各部門にも影響をおよぼす!?

■ＩＦＲＳ導入の影響は経理部門だけにとどまらない

これまで説明してきたように、ＩＦＲＳを導入すると、会計実務はもちろん、販売、固定資産管理、人事、生産管理、企業の業績管理などといった業務やシステムなどに、広範な影響がおよぶことが考えられます。

したがって、ＩＦＲＳ導入による影響は、なにも経理部門だけにおよぶ話ではなく、**販売部門や研究開発部門など企業の各部門に広く影響する可能性がある**と考えたほうがいいかもしれません。

ここでは、ＩＦＲＳ導入によって、「企業の各部門の担当者の実務に、どのような影響がおよぶと考えられるのか」という視点で、これまでのまとめの意味も込めて販売部門、固定資産管理部門、人事部門を例に挙げて説明していきます。

IFRS導入の影響度

IFRSの導入がおよぼす影響

↓

会計処理の問題だけではない

↓

企業活動の広い範囲に影響がおよぶ

（例） 販売、固定資産管理、人事、
生産管理、業績管理、システム……など

販売部門に与える影響

第３章でも説明したように、ＩＦＲＳの導入により売上の計上のタイミングが変わる可能性があります。とくに、物品販売において「出荷基準」を採用している場合、出荷時点より遅いタイミング（着荷時点、検収時点）での売上計上が求められる可能性があります。

したがって、ＩＦＲＳの導入にあたっては、企業の売上に至る業務フローを検証し、個々の取引におけるこれまでの売上計上のタイミングが、ＩＦＲＳが求める売上計上の要件（89ページ参照）を満たすかどうかを確かめる必要があります。

その結果、売上計上のタイミングの変更が必要と判断される取引については、適切な売上計上のタイミング（たとえば着荷時点なのか、検収時点なのかなど）を検討する必要があります。

もちろん、売上計上のタイミングが変われば、92ページでも説明したように売上計上のための業務管理の見直しが求められるケースもあり、その場合には**販売管理に関する新たな社内ルールを策定《さくてい》する必要があります**。

そのうえで、売上計上のタイミングの変更が販売システム全体に与える影響が大きいと判断される場合には、現行の販売システムの改修についても具体的な変更を検討しなければならない可能性があります。

■固定資産管理部門に与える影響

有形固定資産については、まず**現在行われている減価償却計算が、ＩＦＲＳが求める処理と整合しているかどうか**についての検討がＩＦＲＳの導入にあたり必要になります。

たとえば、税法の規定に従って減価償却を行っている企業の場合、①耐用年数が使用頻度や陳腐化などの要因を考慮した経済的耐用年数から乖離《かいり》していないか、②残存価額については耐用年数終了時に売却可能な資産はないか、③減価償却方法はその資産の経済価値の費消パターンを反映しているか――などの視点から検討する必要があります。

検討の結果、現行の処理がＩＦＲＳの求める処理から乖離していると判断されれば、耐用年数、残存価額、減価償却方法を新たに決定する必要があると考えられます。固定資産をシステムで管理している場合、検討の結果によっては、税法用とＩＦＲＳ用の固定資産台帳をシステム上、別個に持たなければならない可能性もあります。

リースについても、ＩＦＲＳではリース資産の計上にあたって日本基準のような数値基準は定められておらず、取引の実質により判断することになります。したがって、**リース資産の計上では、これまで企業が採用していたリース資産の判断基準がＩＦＲＳと整合するかどうか**の検討がまず必要になります。検討の結果、両者が乖離すると判断されれば、リース資産の計上に関しての新たな社内ルールを定めなければならない可能性もあります。

これらの検討の結果、ＩＦＲＳの導入により資産の計上が必要なリース物件の数が増加することが予想される場合、とくにリース物件をシステム管理しているような企業においては、既存の管理システムの改修、または新たなシステムの導入の必要性についての検討も必要になります。

■人事部門に与える影響

１２８ページでも説明したように、ＩＦＲＳが導入されると、翌年度以降に繰り越し可能な有給休暇について「有給休暇引当金」の計上が求められます。

有給休暇引当金は、年度末における未消化分の有給休暇のうち、翌年度以降に消化すると見込まれるものにもとづいて計上が行われます。したがって、ＩＦＲＳの導入にあたっては、**個々の従業員の有給休暇の付与日数、未消化日数などの基礎データを入手できるかどうか**についての事前の検討が必要になります。

もし、現行の制度のもとで必要なデータが入手できない場合にはデータを入手するための社内的なしくみについて、システム改修の可否を含めた検討が必要になると考えられます。

有給休暇引当金は一般に、従業員数や有給休暇の消化の状況によっては計上額が多額になり、財政状態や経営成績に影響をおよぼす可能性が高い項目です。

したがって、このような会社については有給休暇の消化など、有給休暇の管理について抜本的な改革が必要になる可能性があります。

IFRSが各部門に与える影響

販売部門に与える影響（例）

▶売上に至る業務フローの検証

✓ IFRS の要求する売上計上の要件を満たしているかどうかの検証

- ✓ 売上計上のタイミングの検討
- ✓ 必要に応じて販売管理の見直しも
- ✓ 場合によってはシステム変更の検討も

固定資産管理部門に与える影響（例）

▶減価償却計算の検証

✓ IFRS の要求する処理と整合しているかどうかの検証
➡耐用年数、残存価額、減価償却方法

- ✓ システムに与える影響の検討

▶リースの検証

✓ 取引の実質によりリース資産計上の要否を検討

- ✓ リース資産計上のための社内ルールの整備も
- ✓ 場合によってはシステムへの影響も検討

人事部門に与える影響（例）

▶有給休暇引当金の計上

✓ 引当金計上に必要なデータを入手できるかどうかの検討が必要

- ✓ 入手できない場合には、データ入手のためのしくみを確立
- ✓ 場合によってはシステムへの影響も考慮

7
ＩＦＲＳ導入の影響度を調査するのが重要

■導入の影響が大きいほど負担が大きくなる可能性も

　前項で見てきたように、実際にＩＦＲＳが導入されると、単純に会計処理面だけではなく、各業務管理の見直しやシステム変更の可能性など、さまざまな側面に影響をおよぼす可能性があります。

影響の程度が大きければ大きいほど、ＩＦＲＳの導入にかかる負担は金額的にも時間的にも大きくなる可能性があります。

　とくに、ＩＦＲＳの導入がシステムに影響すると判断される場合、その程度によっては、システム自体の全面入れ替えも考慮に入れなければならない可能性もあります。その場合には、システムの設計から導入に至るまで数年を要するおそれもあり、システム導入の進捗いかんによってはＩＦＲＳ導入プロジェクト自体に大きな影響をおよぼすかもしれません。

■IFRS導入の影響度を調査する

IFRS導入の影響度の調査

✓ IFRS 導入プロジェクトを効率的かつ効果的に進めるために必要

具体的には……

1. 財務数値におよぼす影響
2. 業務管理におよぼす影響
3. システムにおよぼす影響

会計項目ごとに調査することが必要

ポイント

✓ IFRS の導入がおよぼす影響を具体的に記述できているか
✓ 解決策に結びつく情報（誰が、いつまでに、何を、どのようにするのかなど）を記述できているか

■会計項目ごとに影響度を調査

したがって、ＩＦＲＳ導入プロジェクトを効率的かつ効果的に進めるためには、プロジェクトの最初の段階で、ＩＦＲＳの導入が与える影響を詳細に調査する必要があります。

具体的には、ＩＦＲＳ導入がもたらす影響について、**会計項目ごとに、①財務数値におよぼす影響、②業務管理におよぼす影響、③システムにおよぼす影響という視点から調査する**必要があります。

その際、各項目における影響を具体的に記述し、その解決策に結びつくような事項（すなわち、解決策を得るために、①会社のどの部門の誰が、②いつまでに、③何を、④どのようにするのかなど）をいかに記述できるかがカギとなります。

また、抽出された影響について、重要度にもとづいて順位づけしておくことも重要です。それによって、ある会計項目について、「どのような課題を」「どのように」「いつまでに」クリアすべきなのか、ＩＦＲＳの導入に至るロードマップを具体的に記述できるからです。

8 導入プロジェクトの成功にはグループ全体の理解と協力が不可欠

■IFRS導入は経理部門や親会社だけの問題ではない

前項で説明したように、ＩＦＲＳを導入するまでには、販売や人事などの業務ごとにさまざまな項目をクリアしなければなりません。

そのため、ＩＦＲＳの導入は単に経理部門だけの問題ではなく、企業のさまざまな部門にかかわる全社的な問題としてとらえ、各部門間の密接な連携・協力のもとで進めていかなくてはなりません。

一方、ＩＦＲＳの導入は親会社個別の問題で足りるかといえば決してそうではありません。なぜなら、日本におけるＩＦＲＳの導入は、現時点では連結財務諸表を前提としているからです。

したがって、**ＩＦＲＳの導入は、親会社だけではなく子会社も含めたグループ全体の問題として進めていくこと**が必要になります。

■おもな関連部署や子会社との連携が必要

そのためにはまず、ＩＦＲＳの導入にともなう影響度に応じて、**企業のどの部門が中心となってプロジェクトを進めていくのか、その主管《しゅかん》部門**（たとえば、経理、経営企画部門など）**を決定する必要があります**。その際、その主管部門は企業のその他の主要関連部署や子会社などと連携をとりながら、連結グループ全体でＩＦＲＳ導入プロジェクトを進めていく必要があります。

ＩＦＲＳ導入プロジェクトを円滑《えんかつ》に進めるためには、トップマネジメントのプロジェクトに対する理解と協力を得ることも必要不可欠です。

ＩＦＲＳの導入プロジェクトは、影響度の調査を踏まえて行われる業務プロセスやシステムの変更を考慮すると、おおむね数年の時間を要することが考えられます。

このように、**ＩＦＲＳ導入プロジェクトを成功裏に導くためには、企業グループ全体の理解と協力にもとづいて進めていくことが必要**だといえるのです。

■IFRS導入プロジェクトを進めるうえでの注意点

経理部門だけの問題ではない → 全社的な問題としてとらえ、各部門間の密接な連携・協力が必要

日本のIFRS導入は連結財務諸表が前提 → 親会社だけでなく、子会社も含めたグループ全体の問題としてとらえることが必要

↓ プロジェクトを円滑に進めるためには……

- プロジェクトの主管部門がどこなのかを決定することが必要
- トップマネジメントの理解と協力を得ることも重要

は

ま

や

ら

索　引

■著者略歴

新日本有限責任監査法人
クライアントサービス本部　アドバイザリーサービス部

新日本有限責任監査法人は、アーンスト・アンド・ヤングのメンバーファームです。全国に拠点を持ち、日本最大規模の人員を擁する監査法人業界のリーダーです。品質を最優先に、各種財務関連アドバイザリーサービスを提供しています。アーンスト・アンド・ヤングのグローバル・ネットワークを通じて、日本を取り巻く世界経済、社会における資本市場への信認を確保し、その機能を向上するため、可能性の実現を追求しています。

［執筆者］
須藤修司／関大地／細谷知美／三品正博／金井洋一／大瀧晃栄／萩原健／守屋浩樹／小林孝史／竹本圭祐

● 本書は、弊社の「ネット書籍サービス」に対応しています。お客様のライフスタイルにあわせてお楽しみいただけます（詳細は裏面をお読みください）。

本書の内容に関するお問い合わせ先
中経出版編集部　03(3262)2124

図解　IFRS早わかり

（検印省略）

2010年3月25日　第1刷発行
2011年7月6日　第6刷発行

著　者　新日本有限責任監査法人アドバイザリーサービス部
発行者　杉本　惇

発行所　㈱中経出版
〒102-0083
東京都千代田区麹町3の2 相互麹町第一ビル
電話　03(3262)0371（営業代表）
03(3262)2124（編集代表）
FAX 03(3262)6855　振替 00110-7-86836
ホームページ　http://www.chukei.co.jp/

乱丁本・落丁本はお取替え致します。
DTP／フォレスト　印刷／加藤文明社　製本／三森製本所

ISBN978-4-8061-3660-6　C2034

本書をご購入いただいたお客様への重要なお知らせ

この書籍は「中経出版ネット書籍サービス」を無料でご利用いただけます。

当サービスのご登録・ご利用は本書のご購入者本人しかできませんので、ご注意下さい。

ネット書籍サービスとは。

「中経出版ネット書籍サービス」とは、お買い求めの本書と同じ内容の電子書籍（弊社ではネット書籍と呼称しています）を、インターネットを通してパソコン上でもお読みいただけるサービスです。特別な場合を除いて、CD付きの書籍はその音声を、DVD付き書籍はその映像もすべてパソコンで視聴できます。**本書を携帯できない場所（国内外出張先、旅行先、職場等）でも、お手元にインターネットに接続できるパソコンがあればいつでもどこでもご覧いただけます。**

あなただけの本棚をご用意します。

「中経出版ネット書籍サービス」にご登録されると、**サイト内にあなただけの「マイ本棚」をプレゼントします。**今後、弊社刊行の「ネット書籍サービス対応」と記した書籍をご購入いただきますとすべてあなたの「マイ本棚」に収納されます。

中経出版のベストセラーがネットで読める。

弊社では、弊社刊行の好評書籍を順を追ってネット書籍化（ネットエディション版）しています。ご希望の**ネット書籍が当サービスを通してお求めいただけます（有料）。**お求めいただいたネット書籍はあなたの「マイ本棚」でいつでもご覧いただけます。

ご登録・ご利用は無料です！
本書を必ずお手元において下記サイトにアクセスして下さい。

▶▶▶https://ssl.chukei.co.jp/nbs/

中経出版のホームページからもアクセスできます。

ISBN 978-4-8061- 3660 - 6　登録No. ef1912i81Ws

推奨環境

- Microsoft Internet Explorer5.5x以降
- Netscape6以降
- Windows、MacともにFlash Player8.0以上がインストールされていること
- ADSL以上のインターネット接続環境

＊著作権保護の観点から、登録No.は1冊1冊すべて異なります。登録できるのはご購入いただいたお客様ご本人だけです。できるだけお早くご登録下さい。
＊次のような場合には登録できません。
●中古書店で購入された場合などで、すでに前の所有者が登録されている。●会社で購入された場合などで、すでに会社の購入担当者が登録している。●本書を図書館で借りた。●本書を友人、知人から借りた。●本書を購入していない。などの場合。
＊「中経出版ネット書籍サービス」は、中経出版のオリジナルサービスです。
＊「中経出版ネット書籍サービス」に関するお問い合わせは、メールでお願いします。電話やFAXでのお問い合わせにはお答えできません。

お問合せ先　**netshoseki@chukei.co.jp**